LE « LIBER »
DE RAYMOND D'AGUILERS

DOCUMENTS RELATIFS A L'HISTOIRE DES CROISADES
PUBLIÉS PAR
L'ACADÉMIE DES INSCRIPTIONS ET BELLES-LETTRES

IX

LE « LIBER » DE RAYMOND D'AGUILERS

PUBLIÉ PAR
John Hugh et Laurita L. HILL

Introduction et notes
traduites par Philippe WOLFF

PARIS
LIBRAIRIE ORIENTALISTE PAUL GEUTHNER
12, Rue Vavin (VIe)
—
1969

AVERTISSEMENT

Les travaux pour cette édition de texte ont été entrepris il y a environ dix ans. Ils furent d'abord subventionnés par l'American Philosophical Society et le Texas A. & M. College. Par la suite, un Fulbright Grant pour des recherches à Toulouse en 1962, et un Grant-in-Aid de l'American Council of Learned Societies nous apportèrent une aide substantielle, — encore que nous l'ayons par moments utilisée pour d'autres travaux. L'Université de Houston nous fournit une assistance complémentaire. Et, comme nombre de médiévistes, nous dûmes aussi financer nos travaux à l'aide de nos fonds personnels.

Plusieurs bibliothèques nous accordèrent un généreux accès aux divers manuscrits. Il nous est agréable de citer : la Bibliothèque Nationale et la Bibliothèque de l'Arsenal de Paris, les Bibliothèques Municipales de Clermont-Ferrand et de Toulouse, la Bibliothèque de l'Institut d'Études méridionales de la Faculté des lettres et sciences humaines de Toulouse, le British Museum, la Biblioteca Nacional de Madrid et la Bibliothèque de l'Escorial, la Bibliothèque Vaticane, la Burgerbibliothek de Berne, la Bibliothèque de l'Université du Texas, et le service de prêt interuniversitaire de l'Université de Houston.

Notre dette est grande, envers de multiples personnes, mais en premier lieu envers les historiens français qui nous ont beaucoup encouragés dans ces recherches menées loin des centres universitaires des États-Unis. Notre reconnaissance est particulièrement vive envers M. Philippe Wolff, professeur à l'Université de Toulouse, et M. Jean Richard, professeur à l'Université de Dijon. Elle l'est aussi pour l'assistance fournie par le Dr. Hans Mayer, des Monumenta Germaniae Historica. *Nous avons reçu aide et encouragement des professeurs Harold Fink, de l'Université du Tennessee, A. R. Lewis, de l'Université du Texas, Robert S. Lopez, de Yale University, et Marshall Baldwin, de New York University. Notre gratitude va en dernier lieu à M. Georges Tessier, alors secrétaire perpétuel de l'Académie des Inscriptions et Belles-Lettres, et aux membres de cette Compagnie, qui nous ont fait l'honneur d'accueillir notre ouvrage dans la série des Documents relatifs à l'histoire des Croisades.*

John Hugh et Laurita L. Hill.

INTRODUCTION

Cette publication de notre édition du ms. latin 14378 de la Bibliothèque Nationale (anciennement propriété de l'abbaye Saint-Victor de Paris), *Historia Francorum qui ceperunt Iherusalem*, est d'abord le fruit des années de recherches que nous avons consacrées à reviser la biographie de Raymond IV de Saint-Gilles, comte de Toulouse. Ce travail, commencé sous la direction du regretté professeur Frederic Duncalf, nous conduisit à utiliser les sources imprimées au cours du XIXe siècle. Comme Runciman, nous fûmes bientôt frappés par les insuffisances de ces éditions : elles appelaient une révision menée selon les règles de l'érudition du XXe siècle. L'œuvre ci-dessus mentionnée de Raymond d'Aguilers concernant directement la vie de Raymond IV de Saint-Gilles, c'est donc sur elle que nous concentrâmes notre effort. D'autant plus que par son excellente édition des *Gesta Francorum et aliorum Hierosolimitanorum* et ses recherches concernant ce texte, Bréhier avait fourni aux historiens une étude neuve et bien informée sur cette autre source essentielle de la Croisade.

Dans le cas de Raymond d'Aguilers, rien de tel n'existait. Certes, Sybel avait fait usage de son œuvre, et conclu à sa naïveté : mais ce travail, et il est aisé de s'en assurer, restait superficiel. D'autre part, Klein avait consacré des recherches à Raymond d'Aguilers, mais sans faire beaucoup pour clarifier les problèmes relatifs au texte lui même. Enfin, au XXe siècle, Alphandéry note le fréquent recours de Raymond aux citations bibliques, ce qui de l'érudition contemporaine. Nous mêmes fûmes d'abord amenés à les utiliser, et conclûmes bientôt à la nécessité d'un recours aux manuscrits pour un examen plus attentif.

I. — Valeur du témoignage

En dehors même des problèmes d'établissement du texte, il apparaît nécessaire d'en éclaircir nombre de passages, d'ornements, d'emplois de matériaux religieux aux fins de considérations morales, d'allusions à des lieux communs de la pensée de temps. Nombre de nos problèmes naissent en réalité d'une attitude erronée à l'égard des œuvres historiques du XIIe siècle, d'une tendance à ignorer les différences entre notre conception de la vérité historique et celle que l'on s'en faisait alors.

Raymond et ses auditeurs contemporains établissaient un certain lien entre réalités spirituelles et réalités temporelles, ce qui lui permettait à son gré de se laisser aller à des commentaires ou d'abréger. Allusions à des réalités temporelles, raccourcis peuvent facilement nous jeter dans l'erreur.

Ainsi, durant des décades, les érudits, croyant prendre Raymond au mot, ont compris que le serment prêté par Raymond de Saint-Gilles à Alexis Comnène ne le liait pas aussi strictement que ses compagnons de Croisade vis-à-vis des biens de l'empereur. Cette opinion se fondait sur l'expression employée par le chapelain, qui répétait à peu près celle d'autres témoins oculaires, et sur l'interprétation qui était donnée de ce mot d'*honorem*. C'était oublier que dans ce contexte, qui était celui d'une formule légale de serment, *honorem* avait chance de recouvrir un sens légal plutôt qu'une signification courante dans la langue littéraire des poètes et des prosateurs. Au XIIe siècle, ce sens légal désignait les possessions de quelqu'un : sens si bien établi dans le Midi français qu'on peut le trouver dans des commentaires juridiques. Ignorer ce sens légal conduisait à dénaturer le texte[1].

1. John Hugh et Laurita L. Hill, « The Convention of Alexius Comnenus and Raymond of Saint-Gilles », dans *American Historical Review*, LVIII,

Le chapelain ne limite pas ses allusions temporelles à des notions juridiques. Ainsi, il emploie le mot *Hispania* pour désigner les environs d'Antioche. Dans l'univers poétique, les Musulmans étaient, où qu'ils demeurassent en réalité, qualifiés habituellement de *les paiens,* et leur pays de pays des païens. Les *Gesta* l'appellent *terra Sarracenorum.* En employant le mot *Hispania,* Raymond ne vise nullement l'Espagne. Il savait très bien où se trouvait la péninsule ibérique, son texte le prouve un peu plus loin. Lorsque l'armée quitte Antioche et entre en Syrie, il le dit très clairement. Il emploie donc *Hispania* pour désigner le pays des Sarrasins autour d'Antioche. Le mot vulgaire courant en ce sens serait quelque forme de *paienie* ou *pagienie ;* lors de la copie, il put être dénaturé par combinaison avec un pronom qui le précédait. D'où le composé *ispania, yspania, hispania* ou *hyspania*[1].

Autre cas : celui des mercenaires qui escortaient l'armée des Provençaux en route vers Constantinople. Raymond écrit : *Turci et Comani, Husi et Tanaces* (ou *Tenaces,* variante), *Pincenati et Bulgari.* Tous ces groupes ont été identifiés, sauf les *Tanaces,* qui restent une énigme. L'adjectif *tenace* existant en ancien français, le plus simple est de penser ici à un qualificatif, et non à une autre tribu. Hypothèse confirmée par l'allusion postérieure du chapelain aux peuples que craignait Alexis : *Alemannos et Ungaros et Comanos aliasque feras gentes*[2].

De tels problèmes de détail peuvent jusqu'à un certain point

janvier 1953 ; *HGL,* V, col. 536, 565, 566, 694, et passim ; *Petri Exceptiones Legum Romanorum,* dans Friedrich Carl von Savigny, *Geschichte des Römischen Rechts im Mittelalter,* Heidelberg, 1816, II, 325 ; texte de Raymond, p. 42 ; *Gesta,* p. 32.

1. *Gesta,* p. 72 ; texte de Raymond, pp. 50 (et n. 2), 53 et 101. Voir « paienie » dans Godefroy. Le ms. C, à la page 50 du texte, corrige « hispania » en « haspania ».

2. Texte de Raymond, pp. 38 et 41. Le sens peut encore être obscurci par la ponctuation, où un point peut remplacer le mot « et ». Comme il sera montré ci-dessous (p. 26 et n. 1), quelques unes des obscurités du texte de Raymond sont dues à des erreurs de copistes antérieures à ceux des manuscrits qui subsistent. Cette observation vise un manuscrit, où le texte de Raymond était déjà associé à ceux de Foucher de Chartres et de Gautier le Chancelier, et auquel la ponctuation appartenait sans doute. Pour une erreur semblable, voir le texte p. 36, « debiles anus et pauperes infirmos ». Voir aussi « tenace » dans Godefroy, *Supplément.*

trouver une solution par l'usage persévérant de dictionnaires. Pour reconnaître les ornements utilisés par Raymond, ses citations, ses paraphrases, ses variantes, il faut aller plus loin, et recourir à des sources qui souvent ne sont pas cataloguées. Psaumes, antiennes, répons et versets servent admirablement son dessein, ce qui nous donne à penser que Sybel errait grandement quand, de l'utilisation par Raymond de formes liturgiques comme moyen d'expression, il concluait à sa naïveté. A certains égards, l'usage que le chapelain fait de ses livres liturgiques est plus habile et subtil que le déploiement d'érudition de Guillaume de Tyr citant les Écritures. En fait, malgré l'abondance de ces ornements, Raymond a trompé des générations d'érudits par l'art avec lequel il a su tirer parti de son Bréviaire, de son Missel et de ses lectionnaires. Ses descriptions, souvent tirées mot à mot de ces sources, sont vivantes, émouvantes, et il fait peu de doute qu'elles ont été écrites pour être lues à voix haute, ce qui devait mettre en valeur toute la beauté de la langue.

Non moins qu'à ces matériaux fournis à l'auteur par son expérience ecclésiastique, nous devons prendre garde à son motif. Sa préface nous le fait déjà connaître : l'armée de Dieu a, en raison de ses péchés, essuyé les coups du fouet du Seigneur, mais en fin de compte la justice a triomphé de tous les païens. Le récit de l'auteur n'est pas seulement d'un intérêt humain. Du point de vue qui était celui de son temps, la signification est plus profonde : les événements d'ici-bas sont rattachés à des correspondances mystiques dans l'au-delà, soulignées par ces ornements de style. Lorsque les Croisés traversent la Sclavonie, il la décrit comme *tellus deserta et invia et montuosa*. Quand les soldats parviennent à un pays qu'ils pensent ami, ils se trouvent entourés de mercenaires impériaux : *ante et retro, dextrorsum et sinistrosum, Turci et Comani*... Lors des querelles entre Latins et Impériaux, Raymond, pour qualifier la trahison du conseil de l'empereur, use de superlatifs : *fraudulentissimum ac detestabilem*. La fuite des Latins est *turpissimam ;* mais, bien qu'il fasse espérer à son lecteur des détails plus circonstanciés, il termine son récit de l'épisode par un renvoi aux autres auteurs : *quicumque nosse desiderat ab aliis quam a nobis requirat* — procédé en grande faveur chez les humanistes postérieurs[1].

Des phrases tirées des Maccabées et des Prophètes gonflent la série des sources utilisées par le chapelain pour glorifier les exploits de l'armée. De science militaire il ne possède guère, et il semble peu s'en soucier, mais il s'abandonne aux effets dramatiques provoqués par son art. *Sole etiam refulgente in armis et clypeis*, écrit-il lorsque l'armée est sur le point de défaire une troupe de Turcs. L'intervention du Seigneur est ainsi implorée : *Nec mora, adest Dominus, fortis et potens in praelio.* Lorsque les Croisés se mettent en marche pour le combat contre Kerbogha, Raymond s'écrie : *O quam beata gens cujus est Dominus Deus ejus. O quam beatus populus...* Dans la bataille qui s'ensuit, les soldats de la Croix brandissent leurs armes et leurs lances, *excutere arma et vibrare hastas*, exactement comme les soldats de Maccabée. Tandis que, lors du triomphe final, durant le massacre des défenseurs païens de Jérusalem, les Chrétiens sont décrits chevauchant dans le sang, *usque ad frenos equorum*, comme dans l'Apocalypse[2].

Lorsque l'armée rencontre des adversités, le style du chapelain revêt, comme il convient, une tonalité plus grave. Il jouit de combiner l'humilité chrétienne au sentiment du martyre imminent, et les événements proches jettent leur ombre sur la marche de l'armée, conduite par Raymond de victoire en victoire jusqu'au point culminant, la délivrance du Saint-Sépulcre. Aux jours sombres, quand les Croisés sont assiégés dans Antioche, le lecteur ou l'auditeur informé le comprend bien, lorsque la main du Seigneur aura achevé sa tâche de correction, les choses doivent se gâter pour les païens. Pierre Barthélemy révèle l'emplacement où fut enterrée la sainte Lance. Révélation accompagnée d'un tremblement de terre, — *terraemotus factus est* — nous est-il dit sans aucun commentaire. Cependant, à un passage antérieur de son œuvre, Raymond

1. Texte de Raymond, pp. 36, 38 et 41 ; *Psaume* 62, 3 (cité ci-après : Ps.).
2. Texte de Raymond, pp. 57, 79 et 150 ; Répons pour l'automne, dans J. B. L. Tolhurst, *The Monastic Breviary of Hyde Abbey, Winchester, HBS*, 70, Londres, 1933, II, 147 ; également *Breviarium Romanum* (cité ci-après : *Breviarium*), *Proprium de Tempore, Dominica I Octobris ;* Ps. 23, 8 ; Ps. 32, 12 ; *Livre II des Maccabées*, 11, 8 ; *Apocalypse* 14, 20.

s'était servi d'un tel tremblement de terre pour introduire une antienne. La bataille se prépare, ce qui amène à répéter le *Congregati sunt*, dont le chapelain, en écho à des lèvres sacrées, donne le texte, *Convertimini ad me...*, et l'exhortation, *Exsurge, Christi, et libera nos*[1].

Les ornements de style sont utilisés pour beaucoup d'autres épisodes de la Croisade. L'émotion est avivée par des métaphores poétiques empruntées aux œuvres des Pères. Des navires anglais qui viennent au secours des Croisés, « labourent » la mer : *mare sulcantes*. Pour rallier ses compagnons au combat, un guerrier s'écrie *Eia, milites Christi*. Dans le style des Maccabées, les maraudeurs ennemis sont comparés à des lions se jetant sur le troupeau pacifique des Chrétiens, *ritu leonum incrudescentes pacificos homines... invadunt*. Raymond emprunte un chiffre de morts au *De officiis* de saint Ambroise pour établir un parallèle entre la bravoure de l'armée croisée et celle des Maccabées. Les chefs croisés siègent-ils en conseil, il les représente assis face à face comme dans le chœur, et se répondant selon l'ordre des rubriques, *econtra*. Comme dans les vies de saints, la durée plus ou moins longue que les cierges mettent à se consumer est une mesure de pureté : celui du comte Raymond n'ayant brillé qu'un court instant, nous le sentons bien, notre homme est mûr pour faire pénitence. Et de même l'auteur insiste lourdement sur l'ignorance de Pierre Barthélemy : celui-ci n'emploie-t-il pas, pour décrire le Christ, qui lui est apparu en vision, les termes mêmes désignant le Seigneur dans le psaume 44 et dans le Bréviaire, entre autres : *speciosus forma prae filiis hominum ?* Cependant ce rustre n'en est pas rendu capable de Le reconnaître ![2]

1. Texte de Raymond, pp. 54, 60 et 73 ; *Breviarium, Verna, Dominica Resurrectionis ; Ibid., Dominica I Octobris ;* Zacharie 1, 3 ; Ps. 43, 26 ; *Hyde, HBS*, 70, 11, 147 ; *Breviarium ad usum Insignis Ecclesiae Eboracensis*, dans *Surtees Society*, LXXI, 1880, I, 602-603. Les *Gesta*, p. 130, indiquent l'ordre de réciter le *Congregati sunt*, avec le verset.

2. Texte de Raymond, pp. 38, 53, 60, 69, 90, 93 et 134 ; Virgile, *Énéide*, V, 158 ; Saint Ambroise, *Hexaemeron*, dans *MPL*, XIV, 207, V, 1, 4 ; *The Oxford Book of Mediaeval Latin Verse*, éd. F. J. E. Raby, Oxford, 1961, pp. 96 et passim ; *Tropaire-Prosier de l'abbaye Saint-Martin de Montauriol*, éd. abbé Camille Daux, Paris, 1901, IX, 9, 10, 21 et passim ;

Mais voici plus que de simples ornements : quand les données historiques se font rares, le chapelain peut tirer de son érudition cléricale des matériaux destinés à nourrir le récit. Manque-t-il de renseignements sur la bataille de Dorylée, — importante échauffourée qui ouvrit la route d'Antioche, — il répète la rumeur selon laquelle deux chevaliers à l'armure étincelante, de merveilleux aspect, auraient précédé les troupes, empêchant l'ennemi de combattre. Pour authentifier la nouvelle, il l'attribue à des Turcs apostats, mais il omet de rappeler que, bien des siècles auparavant, Maccabée avait reçu du Ciel une aide semblable. Un peu plus loin sur la route, pour décrire la maladie dont est atteint Raymond de Saint-Gilles, il se sert des termes mêmes désignant celle d'Ézéchias[1].

Raymond nourrit aussi ses récits de visions de ses connaissances scripturaires et hagiographiques. Lors d'une de ses apparitions à Pierre Barthélemy, à Antioche, saint André enjoint au mystique Provençal de remettre au comte Raymond la sainte Lance qui, depuis le moment de sa naissance, lui était destinée. Reportons-nous à l'épisode correspondant où Judas Maccabée reçut une épée d'or : l'incident suggère alors que le comte devait par la suite prendre le commandement de l'armée. En une autre vision, l'évêque Adhémar du Puy, que sa mort inopportune à Antioche empêchait de guider l'armée en chair et en os, revient lancer un avertissement à tous ceux qui refusent de croire en la sainte Lance. Il est décrit le visage, la tête et la barbe en partie brûlés par les flammes, pour la purification de son âme. Raymond n'a fait ici qu'utiliser ses connaissances hagiographiques sur les punitions limitées infligées aux hommes bons : mais ceci augmente l'intérêt du récit, et en accroît la force émotionnelle[2].

Livre II des Maccabées, 11, 11 ; *Breviarium, Autumnalis, Dominica I Octobris, in II Nocturno ;* Saint Ambroise, *De Officiis Ministrorum*, dans *MPL*, XVI, 82 ; *Acta sancti Brendani*, éd. Patrick F. Moran Dublin, 1872, pp. 107, 136 ; Ps. 44, 3 ; Saint Augustin, *De civitate Dei*, dans *MPL*, XLI, 548-550.

1. Texte de Raymond, pp. 45, 46 ; *Livre II des Maccabées*, 10, 28-31 ; *Livres des Rois*, 11, 20, 1 à 6.

2. Texte de Raymond, pp. 69, 84, 85 ; *Livre II des Maccabées*, 15, 15-16 ; *The Homilies of the Anglo-Saxon Church*, éd. et trad. Benjamin Thorpe, Londres, 1844-1846, II, 339-345.

Non content de compléter sa narration par des matériaux d'origine religieuse, Raymond s'empresse de tirer de ces mêmes sources les considérations morales qu'il développe à partir des données historiques. Il anticipe ainsi sur l'usage que certains modernes devaient faire de l'Histoire pour justifier leurs idéologies. Ainsi il encastre dans le récit de la traversée de la Sclavonie la première de ces séquences morales. Mis en garde par la fioriture déjà signalée, nous reconnaissons dans la description de la Sclavonie les termes du psaume 62, 3. Le chemin, poursuit le chapelain, se continuait *per abrupta montium et condensa silvarum :* expression qui rappelle le commentaire de saint Ambroise sur le psaume 1. Ces indications nous préparent à l'interprétation qui va être donnée des événements. Dans cette situation difficile, harcelé par les Slaves, le comte Raymond fait preuve de la vertu de *fortitudo* en protégeant l'armée et les traînards infirmes contre ces brigands familiers avec le pays. Au cours de cette épreuve, l'armée manifeste *virtus* et *patientia*, elle s'abstient d'*ultio*. L'activité de Raymond de Saint-Gilles le retient hors de sa tente jusqu'au milieu de la nuit ou jusqu'au chant du coq, *media nocte vel gallicantu* (Marc 13, 35). Tout ceci est comme un écho du *De officiis* de saint Ambroise : *Quanta vero ibi fortitudine et consilio comes ibi claruerit*[1].

L'armée et ses chefs ne se comportent pas toujours aussi bien, au jugement du bon chapelain. Mais son habileté à utiliser les personnages historiques comme illustrations de sa science religieuse a conduit les historiens modernes à prendre au mot ces considérations et parenthèses. Dans le cours de son histoire, Adhémar est blâmé pour son manque de zèle spirituel. Une très courageuse action du comte est prise comme exemple de ses progrès, depuis ses péchés mortels d'*avaritia* et de *desidia*, vers la générosité et l'activité. L'armée est taxée d'*invidia* et de *tristitia*, mais ensuite elle se rachète par la prière, la pénitence et la vigueur au combat. Tout au long de ces rencontres de l'âme chrétienne avec les forces

1. Texte de Raymond, pp. 36, 37, 38 ; Saint Ambroise, *Enarrationes in XII Psalmos Davidicos*, dans *MPL*, XIV, 932-933 (cité ci-après : *In Psalmos*) ; Saint Ambroise, *De Officiis*, dans *MPL*, XVI, 50, 51, 61, 62, 74-77, 80.

toujours présentes du Mal, le comte Raymond peut à certains moments écouter les mauvais conseils ou les repousser : comme le bienheureux du psaume I, il ne suit pas les avis des méchants[1].

Ainsi investi par des récits encombrés de considérations morales, l'historien ne peut s'y retrouver qu'à condition de posséder quelque notion de la théologie du péché dans la pensée médiévale. De même, il ne peut parvenir à un jugement équilibré que s'il reconnaît les allusions plus ou moins vagues aux lieux communs de cette pensée médiévale, auxquels un auteur pouvait avoir recours pour produire de plus fortes émotions. Au fond de la conception médiévale, il y avait la conviction que les Chrétiens l'emporteraient finalement sur les païens, que le Saint-Sépulcre serait libéré, et que, lorsque le Malin toujours présent et ses légions — sous la forme des païens — se feraient trop difficiles à vaincre pour des hommes, les saints ne manqueraient pas d'intervenir[2].

Cette intervention des saints, c'est le récit que fait Raymond de la bataille contre Kerbogha qui la manifeste. L'armée s'ébranle sur huit rangs, et voici qu'il s'en trouve cinq de plus ! Raymond énumère d'autres miracles, — la pluie rafraîchissante, les chevaux mourant de faim rappelés à la vie, — et il remarque qu'ainsi le Seigneur a multiplié les troupes des Croisés. Par la suite, l'histoire profane perdant de son importance au fur et à mesure que l'armée progresse au sud d'Antioche, le chapelain plonge sa plume toujours plus profondément dans ce que le professeur Rudolph Willard a suggéré d'appeler la fiction ecclésiastique. Raymond laisse supposer qu'une réunion des apôtres s'est tenue à Antioche : le Christ n'y assistait-il pas ? Nous voyons saint Marc, venant d'Alexandrie, s'arrêter quelques instants à Tripoli sur la route d'Antioche. Nous sommes induits à supposer que la Vierge a intercédé pour la milice du Christ. Des saints apparaissent et demandent que leurs reliques soient portées dans l'expédition. Enfin vient le jour du triomphe pour la Chrétienté : Jérusalem tombe. Et le chapelain de s'exclamer : *Haec dies quam fecit Dominus !* Les pèlerins exultants chantent au

1. Texte de Raymond, pp. 62, 63, 68 et 80 ; Saint Ambroise, *In Psalmos*, 932, 972-978.
2. *Ép. II Corinthiens*, 10, 4 ; *Ép. Éphésiens*, 6, 12-14.

Seigneur un *canticum novum*, et c'est pour eux un jour nouveau, une allégresse toujours nouvelle, une joie perpétuelle. Soucis et peines se sont transmués en un triomphe, avec l'établissement de la Chrétienté en Terre Sainte, et l'expulsion des païens hors d'elle. Ce jour-là, beaucoup aperçoivent l'évêque Adhémar à Jérusalem ; et ce même jour, anniversaire de la dispersion des apôtres, les Chrétiens célèbrent, dans la Jérusalem reconquise, l'office de la Résurrection[1].

Après cette envolée enthousiaste glorifiant ce qui est à la fois Apocalypse et Histoire, le chapelain revient à des questions plus prosaïques, et nous pouvons le suivre.

Ainsi, en étudiant son texte pour en clarifier les passages obscurs, pour y détecter ce qui n'est que simple ornement, pour déterminer l'usage fait du matériel religieux dans un but narratif ou moral, nous avons dégagé des aspects essentiels : reconnaître comment le chapelain a confondu les deux mondes toujours présents dans un esprit des temps médiévaux, — l'ici-bas et l'éternité, — c'est trouver une clef pour la compréhension historique de son œuvre. Avec l'aide des innombrables écrits ecclésiastiques médiévaux, nous pouvons isoler l'histoire profane, et donner aux additions spirituelles leur vraie valeur.

II. — Les manuscrits

Tout ceci n'éclaire qu'une partie des difficultés soulevées par l'utilisation du texte de Raymond. Il reste à apprécier les mérites respectifs du ms. A et du ms. B, à clarifier les différences entre groupe A et ms. B, à établir dans quelle mesure ils permettent de

1. Texte de Raymond, pp. 74, 82, 118, 131, 132 et 151 ; *Gesta*, p. 154. Les *Gesta* identifient la grande armée, venant des montagnes, avec bannières, montures et vêtements blancs, comme l'armée des saints. Pour d'autres apparitions, dans les œuvres historiques et les homélies, des hommes vêtus de blanc, voir J. H. et L. L. Hill, « L'allégorie chrétienne dans les récits relatifs au Wineland », dans *Le Moyen Age*, 1960, 1-2, p. 76 et note. Ps. 95, 97, 117, 120, 149 ; *Breviarium, Dominica Resurrectionis ; Apocalypse*, 21, 5 ; Rudolph Willard, *Two Apocrypha in Old English Homilies*, dans *Beiträge zur Englischen Philologie*, XXX, 1935, p. 2.

restituer la forme et le contenu originels de l'œuvre de Raymond. Dans le groupe A et dans le ms. B, nous trouvons des divisions différentes, des titres différents, des terminaisons différentes, et dans l'ensemble les mêmes difficultés. Il faut nous tourner vers l'examen des manuscrits eux mêmes.

Ce faisant, nous constatons que les efforts des copistes suggèrent un certain nombre d'observations. Les scribes anonymes de la chronique nous ont laissé sept parchemins plus ou moins complets, dont aucun n'apparaît comme la copie directe d'un autre. Six de ces manuscrits peuvent êtres réunis en un groupe A, parce que, comme le ms. A, ils présentent le récit de Raymond en combinaison avec les mêmes textes. Les *codices* de ce groupe A contiennent, dans l'ordre, les œuvres de Foucher de Chartres, de Gautier le Chancelier, et de Raymond d'Aguilers : nous les désignerons comme les mss. A C D E F G. Un manuscrit, le texte B, se présente indépendamment, sous le titre : *Hystoria Francorum qui ceperunt Iherusalem ;* nous en avons fait la critique sous la référence ms. B. Voici la liste des textes, avec leurs caractéristiques, telles que les donne l'édition du *Recueil*[1] :

Ms. A, ms. latin 14378, Bibliothèque Nationale, Paris, XIIe siècle (*Recueil*, A).

Ms. B, ms. latin 5511 A, Bibliothèque Nationale, Paris, XIIIe siècle (*Recueil*, B).

Ms. C, ms. latin 5131, Bibliothèque Nationale, Paris, XIIe siècle (*Recueil*, C).

Ms. D, ms. latin 1102, Bibliothèque de l'Arsenal, Paris, ca. 1200 (*Recueil*, F).

Ms. E, ms. latin 262, Bibliothèque de la ville, Clermont-Ferrand, XIVe siècle (*Recueil*, G).

1. Nous n'avons pas indiqué les variantes du ms. latin 5131 A de la Bibliothèque Nationale, qui est tardif (XVe siècle), et cherche à combiner Foucher et Raymond ; ni celles du ms. latin 5132 (indiqué par le *Recueil*), car tardif aussi (XIVe siècle), et incomplet. Le ms. latin 6041 A de la Bibliothèque Nationale est, lui aussi, tardif et incomplet. Le ms. Harley 4340 du British Museum est catalogué à tort comme contenant l'œuvre de Raymond.

Ms. F, ms. latin 261, Burgerbibliothek, Berne, ca. 1200 (non utilisé par le *Recueil*).

Ms. G, ms. latin Add. 8927, British Museum, Londres, XIIIe siècle (non utilisé par le *Recueil*).

D'après la présentation que leur donnèrent les copistes, ces manuscrits ont été classés en deux groupes : mss. A C E écrits sur deux colonnes, mss. B D F G sur une seule. Mais ce classement, fondé sur format et nombre de colonnes, apparaît sans rapport réel avec la tradition manuscrite, puisque les mss. C D E F G appartiennent à ce que nous avons appelé le groupe A (textes en liaison avec ceux de Foucher et de Gautier). De plus, en fonction des variantes, ce groupe se divise lui même en un sous-groupe A C G et un autre D E F. Que, comme G et D F (cités dans cet ordre pour respecter cette subdivision), B se présente comme copié sur une seule colonne, ne suffit évidemment pas pour établir sa parenté avec aucun des deux sous-groupes. B contient la plupart des variantes constatées par rapport à A, mais à l'occasion il peut se trouver d'accord tantôt avec l'un, tantôt avec l'autre de ces sous-groupes.

Tout de même, le fait que, dans les manuscrits du groupe A, Raymond se trouve associé aux œuvres de Foucher et de Gautier fournit un fil directeur, en ce sens que cette combinaison a suscité certaines additions au texte. A cet égard, tous les manuscrits du groupe A apparaissent plus ou moins influencés par cette combinaison d'œuvres. A, qui est le manuscrit le plus développé du groupe, offre au lecteur : une introduction au codex, due à Guillaume Grassegals, et une table générale des matières pour les trois œuvres ; celle de Raymond y commence au chapitre 8 du livre II, avec une rubrique initiale expliquant que l'œuvre de Raymond est donnée pour compléter celle de Foucher. Ainsi ce codex ne donne aucun titre à l'œuvre de Raymond ; mais il s'achève par l'indication qu'elle se termine bien à cet endroit[1].

1. Le refus de considérer aussi bien Raymond que Foucher comme un historien véritable et suffisant de la Croisade se reflète dans l'effort accompli par le ms. 5131 A pour combiner les deux ; et de même peut-être

Comme A, le ms. C fournit au lecteur une table générale des matières et la rubrique initiale. Mais l'indication finale n'y figure pas, le texte n'allant pas au-delà de la fin du folio 227b, colonne B au mot *nostri* (p. 138, l. 10, de notre édition). D'autres manuscrits du groupe A contiennent la rubrique initiale. Les mss. F G reprennent la terminaison de A, tandis que D E y font même des additions. Au contraire, le ms. B, reproduisant isolément l'œuvre de Raymond, lui donne un titre ; elle ne comprend ni l'introduction de Guillaume Grassegals, ni la table des matières, ni la rubrique initiale. Il ne fournit aucune indication non plus sur la terminaison de l'œuvre. Le scribe mentionne que son exemplaire s'arrêtait au folio 84 sur le mot *ignoramus* (p. 133, l. 21, de notre édition), et qu'il a tiré la suite d'une autre source[1].

Il semble que l'association de Raymond avec Foucher et Gautier ait eu une influence jusque sur la division de son texte. Cherchant à réaliser une présentation harmonieuse des trois œuvres, A en a été conduit à donner une numérotation inexacte de certains chapitres, voire même, au fur et à mesure que son travail avançait, à ignorer les subdivisions prévues. D'ailleurs, les numéros des chapitres qui apparaissent dans le texte de Raymond ne correspondent pas à ceux qu'annonce la table des matières. Les divisions du ms. C ne coïncident pas toujours avec celles de A. Par moments, les mss. D E F G s'accordent avec les divisions de A, et ils s'en séparent à d'autres. On peut faire la même observation au sujet des divisions dans le ms. B, bien qu'elles soient plus nombreuses[2].

dans le ms. 5132 qui, par hasard ou à dessein, conserve le récit des miracles survenus à 'Arqah, ainsi que dans la rubrique initiale du groupe A. L'indication relative à la terminaison de l'œuvre de Raymond ne convenait pas aux scribes qui lui ajoutaient une continuation (voir à ce sujet notre page 28 de l'Introduction).

1. L'affirmation d'Ekkehard, « Legimus Jherosolimae libellum... » a conduit à la conclusion qu'il avait lu un exemplaire, perdu aujourd'hui, des *Gesta*. Toutefois, comme par moments il paraît refléter Raymond (voir nos notes explicatives pp. 50, n. 2 et 150, n. 2), il se peut qu'il ait plutôt vu une source commune ; en ce cas, son récit des événements postérieurs à Ascalon peut s'en inspirer (*MPL*, CLIV, col. 972-975). La continuation du ms. B suit en général les relations de Tudebode et des *Gesta*.

2. La table des matières, folio 4, annonce 22 chapitres. En fait, le texte de Raymond contient une introduction et 13 chapitres.

Une certaine diversité apparaît également dans les initiales de grande dimension qui marquent les divisions du texte. Les initiales richement ornées du ms. A, qui furent prévues et exécutées pour l'œuvre de Foucher, ont diminué à la fois en taille et en richesse décorative, lorsque les scribes atteignent le folio 160, où commence l'œuvre de Raymond. Pour d'autres manuscrits du groupe A, l'ambition a même été moindre. Les grandes initiales du ms. C ne sont pas ornées, et seul l'espace laissé pour la première initiale du Codex, bien qu'il n'ait jamais été utilisé, suggère que quelque décoration avait été prévue. Dans les mss. D E F G, le plan soigneux adopté par A pour la disposition des grandes initiales fait défaut, tandis que B en offre une disposition tout à fait erratique, au point de placer certaines de ces grandes initiales au milieu de la ligne.

En liaison avec cette diversité de traitement des grandes initiales, nous pouvons observer aussi une différence dans le placement des majuscules, lorsqu'elles se trouvent au début d'une ligne. Dans les mss. A E, ces majuscules sont écrites dans un alignement scrupuleux avec les colonnes délimitées pour la copie, tandis que tous les autres manuscrits peuvent parfois, de façon plus ou moins régulière, les faire dépasser dans les marges.

En opposition avec ces différences de présentation, nous constatons que, mise à part la terminaison de ces manuscrits, le contenu des textes reste remarquablement identique, et que les scribes ont respecté les majuscules de leurs exemplaires, même s'ils ne les placent pas exactement de la même façon. Allons plus loin : nous nous rendons compte que ces petites capitales font partie d'un système de repères et de ponctuation utilisé dans les textes médiévaux pour faciliter la lecture à haute voix. En plus de ces petites capitales, les scribes ont conservé d'autres éléments de ce système : le point, le *punctus elevatus*, et le point et virgule[1].

1. Tandis que l'ornementation des initiales est un signe de luxe, le soin apporté à la ponctuation peut bien plutôt au XIIe siècle révéler l'objet de la rédaction du manuscrit : être lu en public. Il est difficile d'étudier aujourd'hui la ponctuation médiévale, la plupart des éditeurs de textes ayant substitué la leur aux indications des manuscrits. Un examen de manuscrits de la Bibliothèque Municipale de Toulouse en

Cette observation régulière des repères du texte par les scribes révèle une parenté étroite du groupe A avec le ms. B : relation que les variations superficielles de présentation (divisions, grandes initiales, rubriques...) avaient masquée. De plus, ce système de repères semble bien appartenir au groupe A, puisqu'il y est commun aux trois œuvres du codex : on peut donc conclure que le prototype du ms. B a été copié sur un texte de Raymond, qui était déjà associé aux œuvres de Foucher et de Gautier, et qui contenait aussi la ponctuation conservée par les sept manuscrits subsistants de l'œuvre.

Cette hypothèse d'une tradition commune pour les sept manuscrits, fondée sur un codex qui contenait aussi les œuvres de Foucher de Chartres et de Gautier le Chancelier, fournit aussi quelque explication des différences qui apparaissent entre ces manuscrits. Le groupe A présente deux passages mal placés (pp. 76 et 88 de notre édition), erreur que le ms. B ne partage pas. On peut penser que ce désordre résulte de l'utilisation d'un manuscrit dont la reliure avait été défaite pour permettre une copie plus rapide. Si B élimine la rubrique initiale, c'est que, ne copiant que l'une des œuvres contenues dans le codex, il n'avait pas besoin de cette transition. De même, le scribe du prototype de B n'a pas été affecté par les considérations de forme qui inspirèrent les scribes

fait apparaître un assez grand nombre, qui possèdent une ponctuation analogue à celle des manuscrits de Raymond. — Selon les manuscrits, il apparaît qu'il y avait diversité de méthode pour le traitement des majuscules en début de ligne : les mss. 41, 164, 166, 177, 459, 482 et 805, tous du XIIe siècle, présentent des majuscules dans la marge, tandis que le ms. 32, du XIIe siècle, et le ms. 118, du XIVe, les font rentrer dans le texte. — Ce n'est pas le fait que la ponctuation existe dans tous les manuscrits de Raymond, qui montre leur parenté, mais bien la remarquable régularité que l'on peut constater dans la correspondance entre leurs pauses. — Voici quelques éditeurs de textes (particulièrement de fac-similés), qui discutent la question de la ponctuation : *Blickling Homilies*, éd. Rudolph Willard, dans *Early English Manuscripts in Facsimile*, X, Copenhague, 1960, 36 suiv. ; comte A. de Laborde et Ch. Samaran, *La Chanson de Roland* (ms. Digby 23 de le Bodleian Library d'Oxford), dans *Société des anciens textes français*, Paris, 1933, 15-16 ; Gaston Paris, *Les plus anciens monuments de la langue française (IXe-Xe siècles)*, dans *idem*, Paris, 1875, planches. Voir aussi : Peter Clemoes, *Liturgical Influence on Punctuation in Late Old English and Early Middle English Manuscripts*, dans *Occasional Papers*, I, Cambridge, 1952.

du groupe A. Ainsi ses grandes initiales peuvent fort bien ne pas coïncider avec les leurs. Les différences entre les manuscrits du groupe A quant à l'emplacement de ces initiales peuvent être attribuées à un effort accompli par les continuateurs de ce groupe A pour améliorer la présentation. D'autre part, le silence du groupe A fait douter du caractère originel du titre donné à l'œuvre par B, tandis que l'interruption finale de notre exemplaire du ms. B n'a pas de signification particulière en ce qui concerne la terminaison réelle de l'œuvre de Raymond, et peut être attribuée à une mauvaise conservation.

Placer ainsi le ms. B aux côtés du groupe A à la suite d'un codex antérieur contenant aussi les œuvres de Foucher et de Gautier conduit à un certain nombre d'observations. La tradition manuscrite, telle que nous la connaissons d'après les sept exemplaires subsistants, ne serait donc pas plus ancienne pour Raymond que pour les deux autres œuvres. D'après la longueur des feuillets déplacés dans l'œuvre de Raymond, ce codex était un *libellus*, c'est-à-dire (l'épaisseur du volume étant mise à part) un livre de petit format. Nous sommes amenés à penser que ce codex, au moins pour l'œuvre de Raymond, contenait un texte pourvu de nombreuses abréviations, et que même dans certains cas des passages étaient tronqués, laissant au lecteur le soin de compléter des développements considérés comme très clairs : hypothèse suggérée par les différences de variantes entre les sous-groupes A C G d'une part, D E F de l'autre, enfin le ms. B. Il faut, pour l'œuvre de Raymond, y ajouter la considération suivante : le manuscrit lui-même présente une copie associée à celle d'œuvres racontant des événements postérieurs, mais dans le contenu de celle-là, des passages obscurs, fidèlement recopiés et conservés, prouvent que la tradition de ce matériel était plus ancienne que les manuscrits subsistants[1].

1. Il convient de rappeler que le scribe du prototype de B désigne son exemplaire du terme de *libellus* (voir texte p. 153, note *r*). Le ms. B mesure 13,97 cm sur 18,05 cm, tandis que les dimensions de A sont 25,40 cm sur 39,37 cm. Un livre d'Heures du XIVe siècle, le ms. 139 de la Bibliothèque Municipale de Toulouse, mesure 7,94 cm sur 11,12 cm. L'usage, auquel était destiné un livre, avait beaucoup à faire avec son

Ce raisonnement nous conduit à la conclusion suivante : les manuscrits subsistants représentent apparemment une tradition en association avec Foucher et Gautier bien plutôt qu'une tradition manuscrite, indépendante, de l'œuvre de Raymond ; il semble donc que, si le chapelain a poursuivi sa relation au-delà des événements d'Ascalon, celle-ci a été égarée lors de la transmission, ou qu'elle y a perdu son identité. La même observation peut être faite à propos de l'original comme livre indépendant. L'examen des manuscrits conduit aussi à conclure que l'œuvre de Raymond était accompagnée (en un ou plusieurs codices) par une collection de sources relatives à la Croisade, plus large encore

format et son ornementation. Le désir de l'économie encourageait à abréger ; tandis que des coupures signalent qu'il suffisait d'indiquer le ou les sujets par une simple allusion, le développement étant confié à la mémoire. Abréviations, coupures et allusions conduisaient à des obscurcissements de sens, lorsque le sujet était moins familier que le texte d'un service religieux. Lorsqu'un tel obscurcissement n'apparaît qu'une fois, il peut être impossible de le tirer au clair. Et c'est la présence de tels obscurcissements dans le texte de Raymond, qui suggère que certains des matériaux incorporés dans le codex sont beaucoup plus anciens que la tradition manuscrite (comme c'est le cas p. 50 du texte, n. 2). Le passage d'une langue à une autre, surtout pour les noms de personnes et de lieux, et l'effort accompli pour rendre les langues vulgaires en latin, contribuèrent aussi à cette confusion, que l'on constate également sur les manuscrits d'origine non française. Le ms. 41 du Corpus Christi College de Cambridge, dans les marges duquel est écrite une homélie sur saint Michel, y mentionne une cité nommée « traelȝ », forme qui laisse supposer, d'après le contexte, une déformation d'un ancien terme scandinave signifiant « les fidèles ». Saint Michel étant le sauveur des fidèles, comme l'indiquent l'homélie et les vies des saints, et son intervention ayant sauvé cette cité des païens, le contexte, à défaut des règles phonétiques, offre une explication possible. Cette même homélie a permis de résoudre aussi un problème de lexicographie scandinave.

« Hvitramannaland », terme fort discuté, est traduit en vieil anglais par « hwitraðeodland » : saint Michel étant le moissonneur fécond, qui tirera de ces pays le froment le plus pur pour en remplir les granges du Seigneur, comme dans l'Év. Jean 4, 35. Le terme scandinave étant employé en rapport avec « Irland, hit mikla », le contexte suggère un terme pouvant décrire la terre des saints, ou la Nouvelle Jérusalem, comme dans l'Apocalyse. L'habitude des abréviations, ajoutée à la propension qu'avaient les Scandinaves à composer des mots avec « -land », a dû produire cette déformation à partir d'une abréviation assez commune pour Jérusalem, « ier » (ou « yer », ou « ir ») : voir *The Psalter Collects from V-VIth Century Sources*, éd. Dom Louis Brou, dans *HBS*, LXXXIII, 188, 211 (cité ci-après comme : *Collects*) ; *Hyde*, II ; *HBS*, 70, 110 v°.

que ne le suggère la simple association Foucher-Gautier-Raymond. Raymond indique d'ailleurs qu'il dispose de plus d'informations qu'il n'en utilise. Et le scribe du manuscrit B a sous la main une autre œuvre dont il peut tirer une terminaison pour celle de Raymond. Les scribes du groupe A, à l'exception de C (pour lequel nous sommes dans l'ignorance) et de F, semblent s'être attelés à toute une série, avant de conclure leur effort en hâte. Les mss. D et E font d'autres additions à l'ensemble, tandis que, dans sa rubrique, G signale l'existence d'autres récits concernant ceux qui allèrent à Jérusalem[1].

Enfin, après avoir tiré, de la présence et de l'importance de la ponctuation dans la tradition manuscrite de l'œuvre de Raymond, toute une première série d'hypothèses, nous devons en dégager encore le fait suivant. Songeons à ce que signifie la ponctuation dans les manuscrits du XIIe siècle : la communication de l'œuvre à haute voix a sans doute été la raison première pour le rassemblement d'un ensemble de renseignements concernant les Croisés et leurs exploits. Comme d'autre part l'œuvre de Raymond indique elle-même que cet ensemble existait, la présence d'une ponctuation dans la copie suggère que cet ensemble dut être réuni sous la forme d'un lectionnaire, pour des lectures pieuses.

Faire l'hypothèse d'un lectionnaire (ou de lectionnaires) dans la tradition manuscrite de l'œuvre de Raymond, c'est ouvrir un champ nouveau de recherches, plutôt que conclure celles qui ont déjà été menées. L'interdépendance des relations de la Croisade a donné lieu à de nombreuses discussions. Nous suggérons d'examiner la ponctuation des manuscrits, pour voir si les conclusions qu'on en peut tirer confirment celles que fournissait la critique interne des textes. Les répétitions dans les récits peuvent être examinées sous cet angle, et les autres considérations paléographiques réévaluées pour la lumière qu'elles jettent sur les rapports entre textes[2].

1. Pour ces continuations des mss. B, D et E, voir la note *r* p. 153, et la note *p* de la p. 159.

2. Par exemple p. 39, ll. 5 et suiv., et n. 4 ; et p. 42, n. 4. Dans le premier cas, il y a identité presque complète avec Tudebode ; dans le second, avec à la fois Tudebode et les *Gesta ;* et dans les deux, une ponctuation très semblable.

Notre examen des manuscrits subsistants de l'œuvre de Raymond résout donc quelques unes des difficultés que soulève son utilisation comme source historique, mais il suscite aussi d'autres questions. Nous pouvons penser que, comme témoins de la tradition manuscrite, les données du groupe A sont aussi importantes que celles du ms. B, nombre de leurs différences pouvant s'expliquer par le travail des copistes. Variation des divisions, placement des capitales grandes ou petites, titres, additions de B D E à la fin, tout cela peut être considéré comme le résultat d'ajouts. Que la source commune — un lectionnaire — ait eu des capitales et des divisions propres à elle, pour délimiter les lectures de façon convenable, reste hypothétique ; de même la possibilité que, dans une certaine mesure, tous les manuscrits reflètent cette division. D'autre part, cette conjecture d'un lectionnaire explique la présence de la ponctuation, et la disponibilité d'autres renseignements sur la Croisade, que les continuateurs de l'œuvre pouvaient emprunter. Elle invite à rechercher ses rapports possibles avec d'autres manuscrits relatifs à la Croisade, englobant la totalité des récits qui nous en restent.

L'examen des manuscrits subsistants de l'œuvre de Raymond contribue donc à une meilleure compréhension des problèmes relatifs à cette œuvre même. Il nous conduit aussi à présenter ici une édition du ms. A, suivant sa ponctuation (du plus près possible), ses graphies, les divisions de son texte. Car nous pensons que l'érudition historique a tout avantage à suivre un seul texte, pour rendre le meilleur compte du travail du copiste. D'ailleurs, nous l'avons vu, l'examen des manuscrits a montré que les variantes de A, de même que celles des autres manuscrits, sont parfois le résultat de l'effort d'édition accompli durant le Moyen Age. Puisqu'aucune tradition plus ancienne ne donnait de priorité à l'un des exemplaires, nous nous sommes sentis libres de choisir le manuscrit le plus soigné, et celui qui donne témoignage de la terminaison de l'œuvre de Raymond, telle qu'elle apparaît aujourd'hui encore. Cependant, au passage, nous avons noté les variantes, puisque cela est nécessaire pour l'étude des rapports entre les textes.

Pour développer les abréviations du ms. A, nous avons suivi

les indications fournies par les graphies employées tout au long du texte. Dans l'apparat critique, nous avons réduit le volume des notes concernant les simples variantes de graphie, ou d'ordre des mots, ou grammaticales, qu'il y a toutes raisons de considérer comme purement individuelles. Cependant, nous avons fait une place plus large aux variantes du ms. B, car elles nous paraissent jeter une lumière propre sur les problèmes posés par les abréviations et coupures de la source commune.

Nous nous abstenons de rééditer, comme s'ils faisaient partie du texte, les éléments dont notre examen a montré qu'ils étaient des interpolations introduites dans l'œuvre originelle de Raymond, et conservées dans le codex Foucher-Gautier-Raymond. C'est-à-dire : l'introduction écrite par Guillaume Grassegals pour le codex, la table des matières du codex, la rubrique initiale de l'œuvre de Raymond, et les compléments trouvés à la fin de l'œuvre de Raymond dans les mss. B D E. Nous avons limité les corrections à un minimum, et nous avons toujours rendu apparente l'élimination d'une lecture de A.

En fin de compte, en présentant l'œuvre de Raymond telle que nous la trouvons dans le ms. latin 14378 de la Bibliothèque Nationale, nous pensons avoir fourni un fil conducteur pour la critique à venir des historiens de la Croisade. Même s'il est responsable de quelques altérations, de caractère superficiel, ce beau manuscrit, par le soin qu'il apporte à conserver la ponctuation — commune à tous les exemplaires subsistants de l'œuvre de Raymond, — en marque l'importance. C'est seulement si le contenu des œuvres relatives à la Croisade est présenté au lecteur sous une forme reflétant le travail des copistes, que celui-ci peut apparaître à tous. Dans l'œuvre présente, c'est l'étude du travail des copistes, en même temps que l'examen critique du contenu de l'œuvre de Raymond, qui apparaît utile pour les historiens, et qui indique la voie pour une meilleure compréhension de Raymond et de l'aventure qu'il entreprit de narrer.

LISTE D'ABRÉVIATIONS UTILISÉES DANS LES NOTES EXPLICATIVES

Acta Sanctorum = *Acta sanctorum quotque toto orbe coluntur, vel a Catholicis scriptoribus celebrantur*, Anvers-Paris-Rome-Bruxelles, 1643-1940.

Aelfric's Lives = *Aelfric's Lives of Saints*, éd. W. W. Skeat dans *Early English Text Society*, 76, 82, 94, Londres 1881, 1885, 1890.

Biblia Sacra (citée par livres) = *Biblia Sacra juxta vulgatam clementinam*, Rome, 1947.

Breviarium = *Breviarium Romanum*, Ratisbonæ, 1923, 4 vol.

Colbertine, I et II = *The Colbertine Breviary*, édité par T. R. Gambier-Perry, dans *HBS*, vol. XLIII, XLIV, Londres 1912-1913.

Collects = *The Psalter Collects from V-VIth Century Sources*, éd. Dom Louis Brou, dans *HBS*, vol. LXXXIII, Londres 1949.

CUA, 8 = Christopher, Joseph Patrick, *S. Aureli Augustini Hipponiensis episcopi de Catechizandis Rudibus*, Liber unus, dans *Patristic Studies*, Washington, 1926.

De Officiis = Saint Ambroise, *De Officiis Ministrorum*, dans *MPL*, vol. XVI, Paris, 1880.

Du Cange = du Cange, Charles du Fresne, *Glossarium mediae et infimae Latinitatis*, Graz (Autriche), 1954.

EETS = *Early English Text Society*, Londres.

Eginhard = *Vie de Charlemagne*, éd. et tr. Louis Halphen, dans *Les classiques de l'histoire de France au Moyen Age*, Paris, 1923.

Ekkehard = Ekkehardus Uraugiensis abbas, *Hierosolymita*, éd. Heinrich Hagenmeyer, Tübingen, 1877.

English Kalendars = *English Kalendars before A. D.* 1100, éd. Francis Wormwald, dans *HBS*, vol. LXXII, Londres, 1934.

Fulcher = Fulcherius Carnotensis, *Historia Hierosolymitana*, éd. Heinrich Hagenmeyer, Heidelberg, 1913.

Gesta = *Histoire anonyme de la première croisade*, éd. et tr. Louis Bréhier, Paris, 1924.

Godefroy = *Dictionnaire de l'ancienne langue Française*, éd. F. Godefroy, Paris, 1888, New York, 1961.

HBS = *Henry Bradshaw Society*, Londres.

HGL = *Histoire générale de Languedoc*, 15 vol., Toulouse, 1872-1893.

Hyde, I et II = *The Monastic Breviary of Hyde Abbey, Winchester*, éd. J. B. L. Tolhurst, dans *HBS*, vol. LXIX, LXX, Londres, 1932-1933.

Hymns Breviary = *Hymns of the Breviary and Missal*, éd. Matthew Britt, New York, 1936.

In Psalmos ou Sur le Psaume Ier = Saint Ambroise, *In Psalmum primum enarratio*, dans *Enarrationes in XII Psalmos Davidicos*, dans *MPL*, vol. XIV, Paris, 1882.

Ms 41, Corpus Christi = Ms. 41, Corpus Christi College, Cambridge.

MPL ou *Migne PL* = *Patrologiae cursus completus : series latina*, éd. J. P. Migne, Paris.

Missale, 1474 = *Missale Romanum Mediolani 1474*, éd. Robert Lippe, dans *HBS*, vol. XVII, XXXIII, Londres, 1899, 1907.

Ordinale Exon. = *Ordinale Exon.*, éd. J. M. Dalton dans *HBS*, vol. XXXVII, XXXVIII, Londres, 1909.

Oxford Book = *The Oxford Book of Mediaeval Latin Verse*, éd. F. J. E. Raby, Oxford, 1961.

Patrologia Orientalis, I, III, XI, XV, XVI, XVII = *Le Synaxaire Arabe Jacobite*, éd. René Basset, dans *Patrologia Orientalis*, vol. I, III, XI, XV, XVI, XVII, Paris, 1902-1923.

Patrologia Orientalis, II = *Sévère Patriarche d'Antioche*, éd. M. A. Kugener, dans *Patrologia Orientalis*, vol. II, Paris, 1907.

Patrologia Orientalis, X = *Calendrier d'Abou l' Barakât*, éd. Eugène Tisserant, dans *Patrologia Orientalis*, vol. X, Paris, 1915.

Patrologia Orientalis, XV, XVI, XXI = *Le Synaxaire Arménien de Ter Israël*, éd. G. Bazan, dans *Patrologia Orientalis*, vol. XV, XVI, XXI, Paris, 1922, 1927, 1930.

Recueil ou *RHC Occ* = *Recueil des historiens des croisades : historiens occidentaux*, Paris.

Schwan-Behrens = Schwan-Behrens, *Grammaire de l'ancien Français*, trad. Oscar Bloch, Leipzig, 1932.

Surtees Society, X = *Rituale Ecclesiae Dunelmensis*, éd. J. Stevenson, dans *Surtees Society*, vol. X, Londres, 1839.

Surtees Society, XV = *A Description or Briefe Declaration of all the Ancient Monuments, Rites and Customes Belonging or Being within the Monastical Church of Durham before the Suppression. Written in 1593*, éd. James Raine, dans *Surtees Society*, vol. XV, Londres, 1842.

Surtees Society, XXIII = *The Latin Hymns of the Anglo-Saxon Church*, éd. J. Stevenson, dans *Surtees Society*, vol. XXIII, Londres, 1851.

Surtees Society, LIX, LX = *Missale usum insignis ecclesiae Eboracensis*, éd. Dr. Henderson, dans *Surtees Society*, vol. LIX, LX, Londres, 1872.

Surtees Society, LXXI, LXXV = *Breviarium ad usum insignis ecclesiae Eboracensis*, éd. Stephen Lawley, dans *Surtees Society*, vol. LXXI et LXXV, Londres, 1880, 1883.

Thorpe, Homilies = *The Homilies of the Anglo-Saxon Church*, éd. Benjamin Thorpe, 2 vol., Londres, 1844-46.

Tropaire-Prosier = *Tropaire-Prosier de l'abbaye Saint-Martin de Montauriol*, éd. abbé Camille Daux, dans *Bibliothèque Liturgique*, vol. IX, Paris, 1901.

Tudebode = Petrus Tudebodus, *Historia de Hierosolymitano itinere*, dans *RHC Occ*, vol. III, Paris, 1866.

Walter = Galterius Cancellarius, *Bella Antiochena*, éd. Heinrich Hagenmeyer, Innsbruck, 1896.

Young DMC = Karl Young, *The Drama of the Medieval Church*, 2 vol., Oxford, 1933.

LIBER RAIMUNDI DE AGUILLERS

Episcopo Vivariensi[1] domino meo et omnibus [ortodoxis][a], Pontius de Baladuno[2], et Raimundus canonicus Podiensis salutem, et laboris nostri participationem. Necessarium duximus vobis et Transalpinis omnibus manifestare magnalia quę Deus nobiscum solito pietatis suę more fecit, et assidue facere non desinit, maxime ideo quia inbelles et pavidi recedentes a nobis, falsitatem pro veritate astruere nituntur. Sed qui apostasiam eorum viderit, verba et consortia eorum fugiat. Exercitus enim Dei etsi pro peccatis flagellum Domini[3] sui sustinuit, pro eiusdem misericordia victor[4] super omnem paganimitatem extitit. Sed quia alii per Sclavoniam, alii per Hungariam, alii per Longobardiam, alii per mare venerunt, tediosum nobis ad scribendum de singulis fuit[5].

a. A *commence par une grande capitale E, haute de six lignes (or, bleu et vert, avec des contours rouge et noir, sur fond brun décoré de bandes dorées représentant une vigne de façon conventionnelle). En tête du texte figure la rubrique :* Antiocheno bello quod Fulcherius supra in huius voluminis exordio descripsit liber iste Raimundi de Aguillers adiectus fuit ut minus continentia unius ex alterius suppleretur eloquio. B *donne le titre :* Hystoria Francorum qui ceperunt Iherusalem. *Le mot* ortodoxis *est fourni par les autres manuscrits.* A *donne* ortodoxisis.

1. Peut-être Léger, mort en 1119 (*HGL*, III, p. 542).
2. Nous ne le connaissons que par les indications de Raymond ; observation qui vaut aussi pour le chapelain.
3. « flagellum Domini » : Judith 8, 27.
4. Ce mot est de ceux qui prouvent que Raymond écrivait après la chute de Jérusalem.
5. Il y avait deux routes de terre, l'une par la Hongrie, que suivirent Gautier Sans Avoir, Pierre l'Hermite et Geoffroy, l'autre à travers l'Italie du Nord puis la Dalmatie. Raymond IV, Adhémar de Monteil et leur suite empruntèrent cette seconde ; mais le chapelain ne les décrit qu'à

Quapropter dimissis aliis, de comite[b] et ępiscopo Podiensi et exercitu eorum scribere curavimus.

1[1]. Illi[c] igitur Sclavoniam ingressi, multa dispendia itineris passi sunt, maxime propter hiemem quę tunc erat. Sclavonia etenim est tellus deserta et invia, et montuosa, ubi nec fera, nec volucres per tres ebdomadas vidimus[2]. Incole regionis adeo agrestes et rudes sunt[3], ut nec commertium nobis nec ducatum prebere voluerint sed fugientes de vicis, et de castellis suis, debiles anus (160b) et pauperes infirmos[d], qui a longe pre infirmitate sua sequebantur exercitum nostrum, ac si multum nocuissent ut peccora trucidabant nec facile nostris militibus armatis erat, latrones inermes, locorum scientes[e] per abruta montium et condensa silvarum[4] persequi sed assidue eos sustinebant nec pugnare valentes, nec sine pugna esse poterant. Quoddam facinus egregium comitis non pretereamus cum conclusus esset aliquando comes a Sclavis cum quibusdam militibus suis impetum in Sclavos fecit[5], atque ex eis usque ad sex cepit. Cumque propter hoc Sclavi vehementius inminerent, et comes

b. de Comite Sancti Egidii B. — c. *I capital (or, avec contour rouge, haut de cinq lignes) en marge pour la plus grande partie, mordant légèrement sur deux lignes.* B *marque la division par un I capital haut de trois lignes, en marge.* DF *utilisent une petite capitale I bien détachée ; pas de capitale dans* CEG. A *marque ici la division* .i. *(petit chiffre romain) en rouge.* Ille igitur qui per... sunt multa B. — *d.* debiles, anus, pauperes, et infirmos B ; et infirmos BDEF. — *e.* itinera scientes B.

partir de leur entrée en Slavonie. Beaucoup d'autres chefs, Robert de Flandre, Robert de Normandie, Bohémond, Tancrède, Étienne de Blois, Hugues de Vermandois traversèrent l'Adriatique. Raymond montre ici qu'il connaissait d'autres récits.

1. La table des matières, folio 4, numérote ce chapitre viii, et l'intitule : « De malis que sustinuit exercitus Francorum in Sclavonia ».

2. Ps. 62, 3. Les Provençaux quittèrent leur pays en octobre 1096, et atteignirent les environs de Constantinople en avril 1097. Ils traversèrent donc la Sclavonie (Dalmatie) durant les mois d'hiver.

3. Cic., *Discours pour A. Licinius Archias*, 8 : « tam animo agresti ac duro ». Cf. aussi *2e Catilinaire*, 9.

4. Saint Ambroise, *Sur le Psaume Ier* : « ... iter praerupta montium, densa silvarum... » (Migne, *Patr. Lat.*, XIV, col. 932-935). L'influence de la langue vulgaire se remarque à des orthographes comme « abruta », cf. Schwan-Behrens, *Grammaire de l'ancien français*, tr. Oscar Bloch, Leipzig, 1932, § 111.

5. « impetum in Sclavos fecit » est une construction utilisée par Cicéron (*3e Catilinaire*, 2, et *Pour la loi manilienne*, 9) et par César (*Guerre des Gaules*, I, 22, 25). Le texte de *Pour la loi manilienne* note une semblable stratégie de Médéa.

sequi exercitum compelleretur erui oculos aliorum[f] et aliorum pedes abscidi iussit et nasum et manus aliorum truncari precepit, ut taliter aliis deterritis et doloris cognitione occupatis secure comes effugere cum sociis suis posset. Itaque per Dei gratiam de mortis angustia, et de loci dificultate liberatus est[1]. Quanta vero ibi fortitudine et consilio[2] comes ibi[g] claruerit, non facile referendum est. Quadraginta etenim fere dies in Sclavonia fuimus in quibus tantam spissitudinem nebularum passi sumus, ut palpare et per motum removere, eas a nobis aliquatenus possemus. Inter hęc comes assidue in postremis pugnans, semper populum defendens erat, numquam[h] prior sed semper ultimus, hospitabatur, et licet alii meridie, alii vespere comes[i] frequenter media nocte[3] vel galli cantu[4] ad ospicium veniebat. Tandem per Dei misericordiam, et comitis laborem, et episcopi consilium, sic exercitus transivit ut nullum fame, nullum in aperta congressione ibi perderemus. Ob illam reor causam voluit Deus exercitum (161) suum transire per Sclavoniam[5], ut aggrestes homines qui Deum ignorabant, cognita[j] virtute et pacientia[6] militum eius, aut aliquando a feritate resipiscant, aut inexcusabiles[7] Dei iudicio adducantur. Tandem post multa laborum, ad regem Sclavorum apud Scodram venimus[k].

f. eruit oculos eorum B. — *g.* B *omet* ibi *après* comes. — *h.* et numquam B. — *i.* comes vero B. — *j.* F *omet* cognita. — *k.* laborum pericula... pervenimus, ac cum... B ; et cum DF ; Cosdram DFG.

1. *Surtees Society*, LIX, ix, Litanie : « ... a periculo mortis, libera ». *Ibid.*, LX, 5, Séquence : « ... nos ad portum maris trahe de mortis angustia ». *The Oxford Book of Mediaeval Latin Verse*, éd. F. J. E. Raby, Oxford, 1961, p. 160.
2. Saint Ambroise, *De officiis*, 60, 61, 74, discute des vertus de « prudentia », « iustitia », « fortitudo », « temperentia », et « consilium ». *Ibid.*, 75, 76 : « sed non haec sola praeclara fortitudo est ».
3. Év. Marc, 13, 35.
4. « Gallicantu » pouvait au Moyen Age désigner l'une des heures canoniales : *Winchester Troper*, éd. W. H. Frere, dans *Henry Bradshaw Society* 8, Londres, 1894, p. 4.
5. *Livre II des Maccabées*, 1, 27.
6. Qualités louées par Saint Ambroise, *De officiis*, 77, 81.
7. L'usage de « inexcusabiles » dans la pensée chrétienne est noté par J. P. Christopher, *S. Aurelii Augustini... de cathechizandis rudibus*, dans *Catholic University of America, Patristic Studies*, Washington, 1926, p. 239. Voir aussi *Ep. Romains*, 1, 20.

Cum eo comes fraternitatem confirmavit[1], et multa ei tribuit[l], ut exercitus secure emere et querere necessaria posset. Sed hęc[m] opinio sola fuit. Nam satis pacis[n] petite nos penituit, cum per eius occasionem, Sclavi solito de more furentes, nostros interficiunt, et quę poterant ab inermibus abripiunt. Quesivimus locum fuge non ultionis[2]. Actenus de Sclavonia, venimus Dirachium[3], credidimus esse in patria nostra, existimantes imperatorem Alexium[4] et satellites suos nobis esse fratres, et coadiutores. Illi vero ritu leonum incrudescentes[5], pacificos homines nichil minus quam arma cogitantes, invadunt per occulta trucidant, in nemoribus in vicis remotis a castris, quę poterant per noctem[o] furabantur. Et licet sic insanirent, tamen dux eorum[6] pacem promittebat, et per[p] pacis inducias Pontium Rainuardum interfecerunt et fratrem suum Petrum mortaliter vulneraverunt[q], et erant hii principes nobilissimi. Cumque locus ultioni[r] nobis offeretur, placuit iter[s], non iniuriarum vindicta. Incepimus[t] iter, habuimus obviam litteras imperatoris de pace[u], de fraternitate et ut ita dicam de filiatione[7]. Hęc autem verbo tenus. Nam ante et retro dextrorsum et sinistrosum, Turci, et Comani, Husi, et tanaces[8], Pincenati, et Bulgari[v] nobis insidiabantur.

l. frequenter fraternitatem... retribuit B. — *m.* sed hoc BCEF. — *n.* nam pacis B. — *o.* per totam noctem B. — *p.* G *omet* per. — *q.* eius fratrem... plagaverunt B. — *r.* ultionis *dans tous les autres manuscrits.* — *s.* iterum B. — *t.* sed incepimus iter nostrum B. — *u.* pace et F. — *v.* Turci, Comani, Husi, et tenaces, Pincenati, et Bulgari B.

1. Allusion à des traités conclus par le comte durant le voyage. Le « roi des Slaves » est Bodinus, et « Scodram » désigne Scutari. Ce traité fut négocié en janvier 1097.

2. Saint Ambroise, *De Officiis*, 62, recommande de ne pas chercher à se venger. Ps. 30, 3 : « domum refugii » ; *Surtees*, LIX, 43 : « locum refugii » ; Judith 8, 26.

3. A partir de Durazzo, les Croisés suivirent la Via Egnatia, par Ochrida, Monastir, Vodena, Thessalonique, jusqu'à Constantinople.

4. Alexis Comnène, empereur de 1081 à 1118.

5. *De Officiis*, 75 ; *Livre II des Maccabées*, 11, 11 ; Ps. 10, 8-9 ; *HBS*, 83, *Collects*, 115, « libera nos... inimici qui quasi leo rugiens... »

6. Jean Comnène, neveu d'Alexis, était gouverneur de Durazzo.

7. Jérémie 9, 8 : « In ore suo pacem cum amico loquitur, et oculte ponit insidias ».

8. Tanaces, écrit teneces par B, est probablement un adjectif, du latin « tenex ». Les Coumans, Bulgares, Oghuz et Petchénègues étaient

2. Quadam[w] autem die cum essemus[1] in valle Pelagonie[2] episcopus Podiensis gratia convenienter hospitandi cum (161b) paulisper a castris discessisset, a Pincenatis captus est[3]. Qui deicientes eum de mula spoliaverunt, et in capite graviter eum percusserunt[x]. Sed quia tantus pontifex adhuc populo Dei erat necessarius, per eius misericordiam vite est reservatus[4]. Nam unus Pincenatus[y] dum aurum ab eo quereret, a cęteris eum defendebat. Interea sonus auditur in[z] castris, et sic inter moram hostium et impetum sociorum eripitur. Taliter per insidias cum venissemus ad quoddam castrum quod vocatur Bucinat[5], didicit comes quod in angustiis cuiusdam montis, Pincenati exercitum nostrum aggredi vellent, cum militibus quibusdam[a] in occultis remanens, Pincenatis occurrit, atque pluribus interfectis, cęteros in fugam vertit[b]. Occurrebant interea pacificę littere imperatoris, circumdabant nos undique hostes[c], imperatoriis dolis[6]. Post hęc venimus ad quandam civitatem nomine Rossam[7], ubi cum manifeste cives eius in nos multa mala molirentur, paulisper nostra solita[d] paciencia displicuit. Itaque arreptis armis, dirumtur antemuralia capitur ingens preda,

w. Dans A, *Q capital, haut de trois lignes (or, avec contours vert clair).* A *marque la division.* ii. *en rouge (petit chiffre romain).* BC *font usage de capitales,* G *d'une petite capitale détachée en marge.* DEF *ignorent cette division.* — *x.* graviter vulneraverunt DEF ; B *omet* eum *après* graviter. — *y.* unus de Pincenatis B. — *z.* sonus exit in B. — *a.* qui cum BDEF. — *b.* F *omet* vertit. — *c.* B *omet* hostes *et ajoute* Cum vero venissemus Thessalonicam, infirmatus est episcopus, et remansit cum paucis infra civitatem. — *d.* E *omet* solita.

des Turcs utilisés comme mercenaires par l'empereur. Il peut s'agir d'une liste établie pour remplir la phrase, comme cela se faisait en poésie.

1. Job 1, 6 : « Quadam autem die, cum venissent... »

2. La Pélagonie était une région située dans la Macédoine du Nord-Ouest. Dans la table des matières, folio 4, ce chapitre est intitulé : « Ubi episcopus Podiensis captus fuit a Pincenatis et in capite vulneratus », et numéroté viiii.

3. Au voisinage d'Ochrida, mi février 1097.

4. Cette phrase, de « Sed... à... reservatus », se trouve dans Tudebodus, ms. lat. 5135 A de la Bibl. Nat., folio 4, avec même ponctuation que le ms. A.

5. Non identifié.

6. L'indication par B du séjour de l'évêque à Thessalonique est quelque peu confirmée par l'affirmation ultérieure de A, selon laquelle l'évêque rejoignit l'armée devant Constantinople.

7. Roussa, 12 avril 1097.

et civitas in dedicionem atque illatis signis[1] in civitatem et acclamata Tolosa quod erat signum clamoris comiti discessimus. Venimus ad aliam civitatem nomine Rodestol[2], ubi cum milites de roga[e] imperatoris vindictam sui contra nos agere quererent[f], multi ex ipsis interfecti sunt, et aliquantula capta preda. Venerunt ibi nobis legati nostri quos premiseramus ad imperatorem[3], qui accepta peccunia ab eo, omnia nobis prospera apud imperatorem promiserunt. Quid plura ? Eo verba legatorum imperatoris et nostrorum pervenerunt ut comes relicto exercitu, solus cum paucis (162) et inermis ad imperatorem festinaret[4]. Dicebant enim quia Boamundus[g] et dux Lotaringię, et Flandrensis comes[5], et alii principes hoc precabantur ut properaret comes convenire[h] imperatorem de itinere Iherosolimitano, ut assumpta cruce dux et imperator[6], in exercitu Dei fieret. Ad hęc aiebant imperatorem dixisse, omnia cum comite se acturum et de se et de aliis quę itineri usui forent. Preterea nuntiabant bellum imminere, et si auctoritas tanti viri abesset, fortassis incommodum fore. Itaque cum paucis comes adventaret ut cum exercitus suus venisset compositis cum imperatore omnibus nullis in moram fieret. Victus tandem comes est ut hac sola vice relicto presidio in castris exercitum precederet. Et sic Constantinopolim inermis venit[7]. Facile autem res gesta hactenus me scriptorem[i] quibusdam leticię et

e. F *omet* de roga. — *f*. pro vindicta sua contra nos agere vellent B. — *g*. Boimundus, *passim dans* B. — *h*. venire E. — *i*. B *omet* scriptorem.

1. Le vocabulaire latin de la guerre, formé à la période classique, a été transmis par les citations et commentaires des écrivains ecclésiastiques. César, *Guerre des Gaules*, I, 27. Eginhard, p. 9.
2. Rodosto, à environ 4 journées de marche de Constantinople.
3. Les ambassadeurs arrivèrent le 18 avril.
4. Jonathan fut trompé et capturé par une ruse semblable (*Livre I des Maccabées*, 12, 44-54). En insistant sur cet épisode, Raymond prépare ses dénonciations de la perfidie de l'empereur.
5. Bohémond, fils de Robert Guiscard duc d'Apulie, Geoffroy de Bouillon duc de Basse-Lorraine, et Robert II comte de Flandre.
6. Formule qui essaie de rendre le titre d'Alexis. Les titres varient selon les narrateurs de la Croisade. De même Robert II de Normandie, duc cependant, est appelé « comes Normannie », alors que Geoffroy est dit « dux Lotharingie ».
7. Raymond arriva dans les environs de Constantinople le 21 avril.

prosperitatis gressibus comitabatur, quę tanto acerbitatis et meroris honere nunc premit, ut incepisse me tedeat, cum perficere votum sit. Quid vero potissimum et primum aggrediar dicere ? An imperatoris fraudulentissimam ac detestabilem ammonitionis dolositatem, an exercitus nostri turpissimam fugam, et inopinabilem desperationem[1] ? An mortes tantorum principum enumerando perpetui meroris monimenta[j] relinquam ? Hęc autem quicumque nosse desiderat, ab aliis pocius quam a nobis requirat. Hoc unum valde memorabile, silentio dignum excusamus, quod dum omnes nostri castra relinquere fugam arripere, deserere socios, dimittere omnia quę de tam longinquis regionibus[2] asportaverant meditarentur, per salutiferam penitentię atque ieiunii opem (162b) ad tantam constantię fortitudinem sunt reducti, ut solus pudor prius habite desperationis, et fuge vehementissime eos afficeret, et de his, actenus dictum sit. Honorificentissime itaque ab imperatore et principibus suis suscepto comite, postulat imperator a comite hominum[k] et iuramenta, quę cęteri principes ei fecerant[3]. Respondit comes, se ideo non venisse, ut dominum alium faceret, aut alii militaret, nisi illi propter quem patriam et bona patrie suę dimiserat, et tamen fore si imperator cum exercitu iret Ierosolimam quod se et suos et sua omnia illi committeret. Sed imperator excusat iter dicens, premetuere se Alemannos, et Ungaros, et Comanos, aliasque feras gentes, quę imperium suum depopularentur, si ipse transitum cum peregrinis faceret. Interea comes audita morte suorum et fuga se proditum esse credidit, et imperatorem per quosdam[l] principes de nostro exercitu, facte proditionis commonefacit. At Alexius dicit se nescisse nostros depopulatos esse regnum suum, se et suos[m] multas passum[n] esse iniurias, nichil esse quod comes querebatur, nisi quod dum exercitus[o] solito more villas et castra vastaret, exercitu suo conspecto fugam

j. memoris monumenta E. — *k.* hominium B. — *l.* imperatorem Alexium B ; quosdam mandavit G. — *m.* suum, et suos B. — *n.* passos B. — *o.* exercitus comitis B.

1. Cette défaite et fuite des Provençaux survint sans doute le 20 avril 1097.
2. Isaïe 39, 3 ; Jérémie 4, 16.
3. Ces conversations avec l'empereur eurent lieu du 22 au 26 avril.

arripuerit, tamen pollicetur[p] se satisfacturum comiti atque Boimundum obsidem satisfactionis dedit. Ad iudicium veniunt[1]. Cogitur comes, preter ius absolvere obsidem. Interea exercitus noster Constantinopolim ven[it][q]. Et post hęc episcopus[2] consecutus est nos cum fratre suo[3] quem infirmum dimiserat Dirachii[r]. Mandat et remandat Alexius, pollicetur multa se daturum comiti si quesitum hominum sibi faceret, quod et alii principes fecerant[s]. Medita-(163)-batur autem[t] assidue comes qualiter suorum iniuriam vindicaret et tante infamię dedecus a se suisque depelleret. Sed dux Lotharingię et Flandrensis comes, atque alii principes huiusmodi detestabantur dicentes, stultissimum esse contra christianos pugnare, cum Turci imminerent. Boamundus vero se adiutorem imperatori pollicetur, si quicquam comes contra ipsum moliretur, vel si hominium[u] et iuramenta diutius excusaret. Consilio itaque accepto a suis comes Alexio[v] vitam et honorem iuravit quod nec per se, nec per alium ei auferret. Cumque de hominio appellaretur, respondit non se pro capitis sui periculo id facturum[4]. Quapropter pauca largitus est ei imperator[w]. Itaque mare transivimus, et ad Niceam usque pervenimus. Precesserant enim comitem dux et Boimundus atque alii principes[5], et obsidioni operam dabant. Est itaque Nicea urbs munitissima tam natura quam ingenio. Habet[x] ab occidente lacum maximum[6] muris influentem, a reliquis

p. B *omet* pollicetur. — *q*. A *écrit* velim, *tous les autres* venit. — *r*. Dirachio B. — *s*. sibi facerent B. — *t*. G *omet* autem. — *u*. hominum EF. — *v*. consilio autem... comes Alexius comes G. — *w*. est ei Alexius B. — *x*. habit enim B.

1. Raymond présente ses accusations contre l'empereur devant un tribunal, où Bohémond représente Alexis.
2. Quand exactement l'évêque du Puy arriva-t-il à Constantinople ? Cela n'est pas très clair. D'après le récit de Raymond, c'est avant que le comte prête serment à l'empereur. Les *Gesta* placent l'arrivée après le serment (p. 32).
3. Guillaume Hugues de Monteil.
4. Ce passage, de « Consilio... à... facturum », est à peu près identique au texte correspondant de Tudebode et des *Gesta*, et il est intéressant de constater que les repos marqués dans le ms. lat. 5135 A (Bibl. Nat.) et les mss. Regina 641 et 572 (Vatican) coïncident avec A, sauf devant « Alexio », où le repos est noté par B.
5. Les Croisés commencèrent d'arriver sous les murs de Nicée dès le 6 mai, après avoir traversé le « bras de Saint-Georges » (nom médiéval pour la mer de Marmara et le Bosphore).
6. Le lac Ascanius.

tribus partibus vallum de restagnatione quorundam rivulorum plenum. Preterea muris ita eminentibus[y] cingitur ut nullorum hominum assultus, nullius machine impetus vereatur[1]. Balistaria vero vicinarum turrium sic respicientia[z] sunt adinvicem ut sine periculo nullus accedere possit. Si quis autem [propius][a] accedere voluerit, obcsse cum nequeat, facile de altitudine turrium obruitur.

4. Hanc[b] igitur[2] talem ut diximus civitatem Boamundus obsedit[3] a septentrione, dux et Alemanni ab oriente, comes et episcopus Podiensis a meridię, nam Normannię[4] comes[c] nondum erat nobiscum. Sed hoc unum reticendum non credimus, quia cum comes inibi cum suis hospitari[d] vellet (163b) Turci de montanis descendentes in duabus turmis, exercitum nostrum aggrediebantur[5]. Eo nimirum consilio ut dum altera pars ducem et Alemannos impugnaret, qui ab oriente erant, pars[e] altera Turcorum per meridionalem civitatis portam ingrediens[f], ac per alteram portam exiens, nostros facile a castris propelleret nil simile cogitantes. Sed qui consilium impiorum subvertere solet Deus[g6], sic apparatus illorum exinanivit, ut veluti disposito ingredienti iam fere civitatem Turcorum turmę hospitari volentem comitem cum suis inmisit. Qui primo impetu eos in fugam vertit, atque pluribus interfectis reliquos insecutus est usque ad montis altitudinem. Pars altera Turcorum quę Alemannos oppugnare voluit, exemplo simili fugatur et prosternitur. Post hęc[h] machine extruuntur, atque murus impetitur, sed hoc erat frustra. Nam murus econtra firmissimus erat, et viriliter sagittis et machinis defendebatur. Sic pro nichilo

y. imminentibus ita C. — *z.* respicienda DF. — *a.* B *écrit* propius ; proprius ACE. — *b.* A *donne une capitale H, haute de trois lignes (or, avec contours linéaires vert et bleu), et numérote cette division par un petit chiffre romain iv en rouge, ignorant ainsi le c. trois, s'il y en avait un à l'origine.* F *offre une petite capitale détachée en marge, tandis que* BCDEG *ignorent cette division.* — *c.* comes Normannie G. — *d.* quia comes cum suis ibi hospitari B. — *e.* E *omet* pars. — *f.* plagam ingrediens B. — *g.* B *omet* Deus. — *h.* post hoc B.

1. Formule qui sera répétée presque textuellement p. 48.
2. Au sommaire, folio 4, ce chapitre x porte pour titre : « Ubi veniunt ad Niceam urbem, et ubi reddita fuit imperatori ».
3. Le siège officiel de Nicée commença le 14 mai.
4. Robert II, duc de Normandie.
5. Cette bataille des Provençaux eut lieu le 16 mai.
6. Phrase qui appelle l'affirmation du Ps. 32, 10 : « Dominus dissipat consilia gentium ».

ebdomadibus quinque pugnatum est. Tandem per Dei voluntatem[1] quidam de familia episcopi et comitis satis periculose ad angularem turrim quę respicit ad austrum accedentes post vim facta testudine, unam de turribus cavare ceperunt, et cavando ad terram prostraverunt[2]. Itaque capta esset civitas, nisi noctis tenebre obstitissent. Instauratus est autem murus[i] per noctem, et laborem pristinum nobis mane[j] reddidit. Attamen eo metu perterrita civitas ad ditionem[k] sui coacta est. Accedebat eo quod imperatorię naves per terram tracte in lacum descenderant[3]. His igitur de causis cum iam ulterius succursum nullum sperarent, et augeri exercitum Francorum cotidie cernerent diffisi viribus Alexio se reddiderunt[4]. (164) Venerat comes Normannie, promiserat Alexius principibus et genti Francorum quod totum aurum et argentum et equos et omnem suppellectilem quę intus erat eis redderet, et monasterium latinum et hospitium pauperibus Francorum ibi faceret. Preterea tantum de propriis unicuique de exercitu daret, ut illi semper militare velint. Hęc igitur[l] Franci sperantes verba fidelissima dedicionem laudaverunt. Alexius itaque accepta civitate tantam gratiarum actionem exercitui dedit, ut quandiu vixerit populus semper ei maledicat, et proclamet eum proditorem. Cognovimus tunc quod Petrum Heremitam qui longe ante exercitus nostros cum magna multitudine Constantinopolim venerat, quod[m] imperator eum prodidisset[5]. Etenim et ipsum[n] qui ignarus locorum erat et tocius milicię et suos tranfretare coegit, atque Turcis exposuit. Turci autem de Nicea videntes illam imbellem multitudinem sine labore et mora, ex eis decollaverunt usque ad sexaginta milia,

i. murus ab eis B. — *j.* F *omet* mane. — *k.* ad deditionem B. — *l.* hanc igitur C. — *m.* B *omet* quod. — *n.* Etenim ipsum B ; Etenim et ipse D.

1. *Livre II des Maccabées*, 12, 15, 16.
2. Sans doute le 10 juin.
3. Les Grecs participèrent au siège de Nicée sous le commandement de Manuel Butumites.
4. Les bannières de l'empereur flottèrent sur Nicée le 19 juin.
5. Chef de la malheureuse Croisade populaire, qui échoua dans l'automne 1096, Pierre l'Hermite échappa au massacre, rappelé avec force, d'une partie du groupe à Civitot, près de Nicée, parce qu'il était allé demander de l'aide à Constantinople. Raymond fait usage de ce fait pour dresser son image de l'empereur-traître.

reliqui vero ad munitionem quandam confugientes, gladios Turcorum evaserunt. Quapropter Turci audaces et superbi effecti, arma quę ibi ceperant et captivos ad nobiles suę gentis et Sarracenorum[1] longe ea mittebant, scribentes ad populos et ad civitates longinquas nichil valere Francos in bello. Profecti igitur[2] a Nicea civitate in Romaniam, secunda die temere (164b) Boamundus cum quibusdam principibus a comite et episcopo et[o] duce digressus est[3].

5[p]. Cumque in die tercia[4] digressionis suę tentoria disponeret figere, centum quinquaginta milia Turcorum [in][q] pugnam adventare conspiciunt. Dumque ordines pro tempore instruit, et bellum disponit, plures qui sequebantur de exercitu suo perdidit. Inter hęc comiti et duci mandavit ut sibi succurrerent. Aberant enim per duo miliaria. Ut autem nuntius Boimundi in castra venit, certatim omnes equos et arma arripiunt atque hostibus[r] obviam ire contendunt. Ut autem cognovit Solimannus[5] et qui cum eo erant exercitum nostrum contra suum in pugnam concurrere[s], de victoria desperans[6], fugere conpulsus est et qui captivos et tentoria plurima de castris Boimundi acceperat, per Dei virtutem[7] sua[t] reliquit. Fertur quoddam[u] insigne miraculum[8], sed nos non vidimus quod duo equites armis coruscis et mirabili facie exercitum nostrum precedentes, sic hostibus imminebant[v] ut nullo modo facultatem pugnandi eis concederent. At vero cum Turci referire

o. ac duce B. — *p.* A *et* C *indiquent cette division par un V marginal en rouge (petit chiffre romain). Les autres manuscrits n'indiquent rien.* — *q.* A *écrit ici* im, *tous les autres manuscrits* in. — *r.* B *omet* hostibus. — *s.* nostrum id est episcopi, ducis et comitis contra suam pugnam concurrere B. — *t.* per virtutem suam B. — *u.* Fertur enim quoddam G. — *v.* non minebant B.

1. Le terme est utilisé de façon assez imprécise.
2. Quelques contingents quittèrent Nicée le 26 juin. Les Provençaux se mirent en marche le 28.
3. Cette séparation eut lieu le 29 juin.
4. Ce chapitre est intitulé (folio 4) : « xi Bellum in campo florido factum ». La bataille de Dorylée est du 1er juillet. Des éclaireurs avaient découvert la présence des troupes de Kilij Arslan la veille au soir.
5. Kilij Arslan, sultan seldjoukide.
6. Raymond omet de signaler le succès de l'attaque de flanc conduite par l'évêque Adhémar du Puy, que notent les *Gesta*, p. 48.
7 *Livre II des Maccabées*, 9, 8.
8 Ce miracle suit le récit de ce même *Livre* 10, 29-31 ; « armis coruscis », *De Officiis*, 82.

eos lanceis vellent, insauciabiles eis apparebant. Hęc autem quę dicimus ab illis qui eorum consorcium spernentes, et[w] nobis adheserunt, didicimus. Quod[x] pro testimonio adducimus tale est. Per primam[y] et alteram diem iuxta viam equos eorum mortuos[z] cum dominis ipsis reperimus. Itaque devictis et profligatis Turcis, (165) pacife et alacriter per Romaniam[1] usque ad Antiochiam venimus. Sed comes aliquantulum exercitum retardavit, causa infirmitatis suę[2]. Quod si incredulis ingratum fore satis[a] cognovimus, tamen quod divina clementia operatur reticere non debetur[b]. Erat quidam comes in nostro exercitu de Saxonia qui ad comitem Raimundum venit, et legatum se[c] sancti Egidii asserebat[3], et semel et secundo se ammonitum ut diceret comiti aiebat : Esto securus non morieris de hac infirmitate. Ego tibi[d] inducias a Deo impetravi, ego semper tecum ero[4]. Et licet satis hęc comes[e] crederet, tamen ita ea infirmitate affectus fuit, ut depositus de lecto in terram, vix etiam vitalem pulsum haberet. Unde episcopus Aurasice urbis, officium ei quasi pro[f] defuncto impenderet[g]. Sed divina clementia quę eum ducem prefecerat exercitus sui[5], de morte eum ilico relevavit, et sospitati[h] reddidit. Igitur cum Antiochiam adpropinquavimus[6], non erat consilium multorum principum ut eam obsideremus, presertim cum hiems inmineret, et exercitus tunc diffusus per

w. B *omet* et. — *x*. Quod vero B. — *y*. post primam G. — *z*. diem, per totam viam equos inimicorum mortuos B. — *a*. B *omet* satis. — *b*. *Tous les autres manuscrits donnent* debemus. — *c*. que se B. — *d*. Ego enim tibi G ; B *omet* Ego... impetravi. — *e*. hoc comes satis B. — *f*. B *omet* pro. — *g*. impendit B ; F *corrige en* defunctio. — *h*. sospitari B.

1. L'Anatolie. Raymond omet, pour les mois suivants, des événements tels que la traversée de l'Asie Mineure, l'expédition de Tancrède et Baudoin, l'arrivée à Césarée de Cappadoce, l'envoi par Raymond d'une reconnaissance, et l'arrivée au Pont de Fer. Voir *Gesta*, pp. 54, 57, 60, 62 et 66.

2. La maladie du comte rappelle Isaïe 38, 1-6. La date en est incertaine. La fête de saint Gilles était célébrée le 1er septembre.

3. *Acta Sanctorum*, Septembre, tome I, MDCCXLVI, 284-304.

4. Jérémie 15, 20 : « Quia ego tecum sum... ». Cf. aussi Isaïe 43, 5.

5. Anticipation sur la future direction de l'armée des Croisés par Raymond.

6. Les Croisés atteignirent Antioche entre le 20 et le 22 octobre 1097. Selon Raymond (cf. ci-dessous, p. 66), le siège commença « circiter .xi. kalendas novembris » (22 oct.), alors que les *Gesta*, p. 66, fixent la date au « .xii. kalendas ».

castella, et inminutus estivo tempore fuerat, inperatoris etiam vires oportere expectari dicebant, et exercitum de Francia qui venire nunciabatur[i], sicque hiemare usque in verno[j] precipiebant. At alii de principibus in quibus erat comes dicebant, per Dei inspirationem nos venisse, per ipsius misericordiam nos Niceam[k] munitissimam urbem obtinuisse, atque per eiusdem[l] clementiam victoriam et securitatem de Turcis ha-(165b)-buisse, pacem et concordiam in exercitu nostro fuisse, atque ideo ipsi de[m] nobis committendum esse. Non oportere[1] vereri reges, aut regum principes, nec formidare loca vel tempora cum Dominus de tam pluribus periculis nos eripuisset[2].

6[n]. Igitur[3] ad Antiochiam venimus, atque iuxta castra posuimus, adeo ut frequenter de turribus hostes, et homines[o] et equos nostros in tentoriis vulnerarent. Quoniam[p] de Antiochia se occasio nobis prebuit, de situ eiusdem[q] dicere necessarium, esse videtur, ut facilius bella et assultus qui ibi facti sunt ab his qui non viderunt intelligantur. Est quedam planicies, inter montes Libani quę in latitudinem per diem unum tenet viatorem, et in longitudinem diem et dimidium. Hęc autem planicies habet ab occidente paludem quandam ab oriente fluvium[4], qui quandam partem eiusdem planiciei cingens, ad pedes montium quos illa terra habet a meridie[r] ita recurrit[s], ut inter[t] montes et fluvium transitus nullus sit, et sic mari Mediterraneo quod Antiochie proximum est influit. In angustiis autem illis quas fluvius iam adherens supradictis montibus facit, Antiochia sita est, ut ab occidente fluvius inferiori[u]

i. numtiabatur B. — *j.* Verno tempore G. — *k.* Niceam urbem E. — *l.* eius C. — *m.* ideo sibi de C. — *n.* A *indique cette division par la rubrique vi (petit chiffre romain), et une capitale I en marge, haute de six lignes, couleur or, avec contours bleu et brun clair. Le bas de la lettre évoque une tête d'oiseau mordant son cou.* B *écrit une capitale I au milieu de la ligne ;* C *une capitale I en marge, haute de trois lignes;* DEFG *ignorent la division.* E *omet* ad. — *o.* hostes, homines B. — *p.* Et quoniam B ; quod F. — *q.* eiusdem loci B. — *r.* in latere habet B. — *s.* currit E. — *t.* et inter E. — *u.* interiori B.

1. Pour ce passage, voir *Livre II des Maccabées*, 15, 8.
2. Voir les versets et répons de l'Ordinaire à l'office de Prime, ainsi que *Ép. 2 Corinthiens*, 1, 10 : « qui de tantis periculis nos eripuit ».
3. Le titre de ce chapitre (folio 4) est : « Ubi veniunt Antiochiam et qualiter facta vel sita est », et le numéro xii.
4. L'Oronte.

muro influens, quandam in modum sagittę partem terrę, inter se et ipsam civitatem reliquit[v]. Hoc modo ab oriente urbs sita surgit in orientem, atque suo ambitu, trium montium iuga complectitur. Ille vero mons[1] quem a septentrione habet, (166) quodam maximo prerupto ab aliis dividitur, ut ab illo ad alios[w] nullus vel difficillimus accesus habeatur. In colle autem septentrionali castellum quoddam est et in medio colle castellum aliud quod lingua greca Colax vocatur. In tercio colle tantum turres. Tenet autem hęc[x] civitas duo miliaria in longitudine, muris et turribus et antemuralibus ita munita, ut nullius machine impetus nullius hominum assultus, etiam si genus omne hominum conveniat vereatur. Hanc igitur ut diximus talem tam[y] munitissimam civitatem exercitus Francorum a septentrionali parte[z] obsedit[2]. Neque tamen licet .c. milia[a] armatorum in exercitu essent aliquem assultum ibi fecerunt, nisi quod iuxta castra sua posuerunt. Erant preterea in civitate .ii. milia optimi milites, et .iiii vel v. milia militum gregariorum atque .x. milia peditum et[b] amplius[3]. Muri vero ita eminentes et vallo et paludibus muniebantur, ut porte custodirentur, cętera secura manerent. Igitur ut venimus in principio ita temere castra posuimus, ut si precogniti ab eis essemus[c], aliqua pars castrorum ab hostibus corripi potuisset. Cum in exercitu nostro nec vigilię[d], nec modus ospitandi umquam servatus sit, accedebat etiam quod omnia castella eiusdem regionis et finitime civitates se nostris reddiderunt, tum timore nostri exercitus, tum amore fugiendę Turcorum servitutis. Quę res multum milites nostros[e] dispersit. Volebat enim quisque privatam (166b) rem maximam facere. De publica

v. relinquit BF. — *w.* ad illos B. — *x.* B *et* G *omettent* hęc. — *y.* C *omet* tam. — *z.* B *omet* parte. — *a.* tercentum vel trecenta B. — *b.* et eo DFG. — *c.* ab his essent F. — *d.* nostro vigilę F. — *e.* multum exercitum nostrum B.

1. Le mont Silpius.
2. Les défenses naturelles d'Antioche étaient telles que les chefs décidèrent de lancer leurs attaques depuis le nord et l'est. Bohémond et les Normands bloquaient la porte Saint-Paul à l'est, Raymond et Adhémar avec leurs hommes la porte du Chien, tandis que Geoffroy et les Lorrains surveillaient la Porte du Duc. La Porte du Pont et la Porte Saint-Georges restaient donc sans troupes au début du siège.
3. Pour la discussion de ces types de troupes, voir R. C. Smail, *Crusading Warfare* (1097-1193), Cambridge, 1956, pp. 106-115.

vero, nil cogitabat[1]. Interea hi qui in castris remanserant tantam copiam victualium habuerunt, ut de bubus nil preter femora et armos et rarissimi[f] pectus levare vellent. De annona vero et vino non est dicendum quam levissime acciperetur. Dumque hęc in castris aguntur, hostes primo ita sese occultabant infra menia, ut nullus nisi vigiles in muris cernerentur[2]. Dum autem didicissent[g], quod palam et inermes nostri, villas et agros vastarent, nescio vel de Antiochia hostes emissi vel de alia civitate, quę per dies duos aberat, nomine Caleph[3] venientes, nostros interficere ceperunt, quos palantes et[h] inermes reperiebant. Quę res aliquantulum copiam in castris nostris inminuerat. Illi vero hostes facultate cedis et rapine, multo acrius vias obsidebant. Ut autem hęc in castris manifeste comperta sunt, electus est Boimundus ut iret obviam illis, profecti sunt autem[i] cum illo comites Flandrensis et Normandię. Neque secum plusquam centum quinquaginta milites educere potuerunt, et nisi pudor revertendi obstitisset, pro paucitate militum reverterentur. Itaque perurgente, Deo profecti, hostes reperiunt, et persecuntur, atque necari in flumine cogunt. Sic potita victoria et spoliis, cum ingenti exultatione ad castra redeunt. Interea Genuensium naves littori quod per decem miliaria aberat a castris applicuerunt[4]. Vocatur (167) autem locus ille portus Sancti Symeonis. Iamque[j] paulatim hostes de civitate egredientes, armigeros vel rusticos qui equos vel boves pascebant, ultra fluvium interficiunt, atque predam infra civitatem deducunt[k]. Posueramus enim tentoria iuxta fluvium et pontem de navibus ibi repertis feceramus[5]. Habebat autem et civitas pontem quasi inferiori[l] angulo occidentali et monticulum quendam adversum, nos ubi duę erant bafumarię, et quedam sepulcrorum casalia[6]. Hęc[m]

f. carissime B. — *g.* Dum hec ita didicissent B. — *h.* quos palam euntes et B. — *i.* D *omet* autem. — *j.* iam E ; itaque G. — *k.* adducunt G. — *l.* in inferiori B. — *m.* hoc B.

1. Les Croisés jouirent de ce répit durant environ deux semaines.
2. Le défenseur d'Antioche était Yaghi Siyan.
3. Alep ; les Turcs attaquèrent l'armée à partir du 4 novembre.
4. Les navires génois touchèrent le port de Saint-Siméon à la mi-novembre, peut-être le 17.
5. Le pont de bateaux fut construit vers le 24 octobre.
6. Deux mosquées et une chapelle funéraire se trouvaient sur une petite colline en face de la Porte du Pont.

autem ideo diximus ut facile manifesta sint, quę ibi facta narrabuntur. Sicut diximus cum[n] paulatim hostium audatia aliquatenus crevisset nostri audacter de castris egredientes, licet hostibus frequenter pauciores tamen illis incurrere non metuebant, Turci autem licet frequenter fusi atque fugati, in bellum ilico resurgebant, tunc quia[o] velocissimos equos habebant et expediti nec graves armis aliis quam sagittis, tunc quia[p] in ponte quem diximus spes refugiendi illorum erat, et de monticulo facultatem sagittandi eminus prospiciebant, aberat enim pons illorum a nostro ponte quasi per unum miliarium. In planicię autem quę inter utrosque pontes fuerat assidue assultus cotidie pugna erat. Contigit vero in principio obsidionis ut comes et episcopus Podiensis iuxta fluvium castra ponerent, et ideo hostibus viciniores, frequentissime ab eis inpetebantur. Sic et factum[q] est per assultus huiusmodi (167b) ut equos suos omnes deperderent[r], quoniam Turci non lanceis vel[s] gladiis bellum conferre parati, sed sagittis eminus, iuxta metuendi dum fugiunt, et dum[t] insequuntur. Cumque[u] iam in tercio mense[1] obsidionis carius alimonia mercarentur, electus est Boamundus et Flandrensis comes ut exercitum propter victualia in hispaniam[v2] ducerent, comite et episcopo Podiensi preside relicto in castris. Nam Normannię comes eo tempore aberat, et dux maxime infirmabatur. Hęc autem[w] cum hostes comperissent, solitos incepere assultus. Cogitur autem comes solito more eis incurrere[3] atque conpositis ordinibus peditum ipse cum aliquantis militibus assultatores persecutus est, atque duos ex ipsis in descensu monticuli cepit et occidit, et hostes ingredi omnes per pontem coegit. Quod ut pedites nostri viderunt, remissis stationibus suis, et relictis signis usque ad pontem illorum permixti concurrerunt. Cumque iam ibi quasi securi facti lapides et tela in eos qui pontem

n. C *omet* cum. — *o.* tum quia B. — *p.* tum quia B. — *q.* sique factum B. — *r.* perderent E. — *s.* F *omet* vel. — *t.* dum fugiunt, dum G. — *u.* cum E. — *v.* haspania (his- *corrigé en* has-) C. — *w.* Hoc autem B.

1. Décembre 1097.
2. Sur l'emploi d' « hispaniam », voir l'introduction, p. 13 et note 1. Ekkehard emploie aussi le terme « hispania », tandis que les *Gesta* et Tudebode préfèrent parler de « terre des Sarrasins ».
3. Cette bataille eut lieu le 29 décembre.

defendebant conicerent, Turci facto agmine per pontem et per vadum quod inferius erat, contra nostros[x] currere ceperunt. Interea milites nostri equum quendam unde dominum suum deiecerant, versus pontem nostrum assequebantur[y], quę populus noster videns, fugam militum arbitratus ad incursus hostium[z], sine mora terga prebuit. Turci vero incessanter fugientes interficiunt. Si qui milites[a] Francorum (168) resistere et propugnare[b] suis vellent, a multitudine peditum fugientium apprehensi per arma et per iubas[c] et caudas equorum vel ab equis deiciebantur, vel pro misericordia et salute suorum in fugam ferebantur, hostes vero sine mora sine misericordia cedere, persequi, et spoliare mortuorum cadavera[d]. Nostris autem non satis erat relinquere arma, arripere fugam, contempnere pudorem, sed in fluvium inmergebantur, obruituri lapidibus vel sagittis hostium, vel sub amnę remansuri, si quem vero pericia et vis natandi ultra fluvium evexit, hic ad sociorum castra pervenit, tenuit autem nostra fuga a ponte illorum usque ad nostrum pontem. Ceciderunt ibi usque ad xv. milites nostri, pedites vero circiter .xx. Interfectus est ibi vexillifer episcopi, et captum est vexillum eius. Interiit ibi quidam nobilissimus iuvenis Bernardus Raimundus patria Biterensis[e][1]. Non causentur neque irascantur in nos servi Dei, si tam apertum pudorem nostri exercitus memorie mandamus. Quoniam Deus qui hoc modo flagitiorum[f] adulterii et rapine mentes ad penitentiam concuti voluit, exercitum nostrum in ispaniis eodem tempore letificavit[2]. Rumor enim de castris nostris egrediens prospera omnia atque comitem nobilissima potitum victoria Boamundo et sociis eius nunciavit. Hęc autem fama non mediocriter animos eorum erexit[3], etenim cum Boimundus villam quandam expugnasset[g], subito fugere (168b) et clamare quosdam rusticos de

x. contra omnes currere B. — *y*. insequebantur B. — *z*. arbitratus in accursus B ; mora hostibus B. — *a*. Cumque milites B. — *b*. et pugnare pro B. — *c*. arma per iubas G. — *d*. et persequi D ; ceperunt cadavera B. — *e*. B *omet* iuvenis ; Bitentis B. — *f*. flagitia suorum B ; flagitiosorum DG ; flagiciosorum EF. — *g*. expugnaret B.

1. Bernard Raymond de Béziers.
2. *Livre II des Maccabées*, 15, 11.
3. *Ibid.*, 15, 10.

suis audivit. Cumque obviam illis milites misisset, Turcorum et Arabum exercitum cominus inspexerunt. Erat autem inter eos qui profecti fuerant ad prospiciendum fuge et clamoris causas Flandrensis comes et cum eo quidam Provinciales. Namque omnes de Burgundia et [Alvernia][h] et Gasconiam et Gotti[1] Provinciales appellantur[i]. Cęteri vero Francigene, et hoc in exercitu, inter hostes autem omnes Francigene dicebantur[j]. Hic autem Flandrensis comes ut diximus pudorem arbitratus prius de hostibus referre quam eis incurrere inrevocabilis in Turcorum cuneos ruit. Turci vero insoliti agere bellum gladiis fugam pro refugio arripuerunt. Nec prius comes gladium recondit, quam .c. de ostibus a vita subduxit.

7[k]. Cumque iam[2] victor ad Boamundum reverteretur .xii. milia Turcorum post se venire conspexit, atque in colle[l] qui proximus erat a sinistris innumerabilem peditum multitudinem surgere vidit. Tunc communicato concilio cum reliquis de exercitu rursus assumptis pluribus viriliter hostes agressus est. Boamundus vero eminus sequabatur cum reliquis et agmina posteriora custodiebat etenim id moris pugnandi apud Turcos est, ut licet pauciores sint tamen semper nitantur hostes[m] cingere suos. Quod etiam in hoc bello facere conati sunt, (169) sed prudentia Boamundi hostium insidie prevente sunt. Turci vero et Arabes[3] qui contra Flandrensem comitem veniebant, ut videre quod non iam[n] sagittis eminus sed cominus gladiis res gerenda foret, in fugam versi sunt. Persecutusque est eos comes per duo milia[o] atque ut in agro manipulos messis[4],

h. A *écrit* Alemannia ; C *corrige en* Aquitania ; G *suit* A. BE *écrivent* Alvernia, DF Arvernia. — *i.* Vasconia B ; appellabantur B. — *j.* Inter hostes autem Franci dicebantur B. — *k.* A *utilise ici un C capital haut de quatre lignes, mordant sur trois, d'or avec contour de rouge et brun, et des couleurs bleu et vert à l'intérieure d la lettre. La rubrique est vii (minuscule romaine).* C *utilise une capitale haute de trois lignes et mordant sur trois;* F *utilise une petite capitale en marge.* BDEG *ignorent cette division.* — *l.* a colle B. — *m.* B *omet* tamen, *ainsi que* hostes. — *n.* D *omet* iam. — *o.* persecutus est E ; miliaria B.

1. Bourgogne, Auvergne, Gascogne, et les habitants de la Gothie (Bas Languedoc).
2. Le titre de ce chapitre (folio 4) est : « Bellum quod comes Flandrensis contre .xii. milia Turcorum fecit », et porte le numéro xiii.
3. Les deux termes sont employés assez indifféremment.
4. Év. Mathieu 13, 30, où le Christ ordonne, au temps de la moisson,

sic in hoc[p] spatio cesorum corpora resupina iacere videres. Hostium vero insidie quas Boamundus sustinuerat, simili modo fuse fugateque sunt. Innumerabilis vero turba peditum quam supradiximus per loca equis invia, fuga lapsa est. Auderem[1] inquam nisi arrogans iudicarer bellum hoc Machabeorum bellis preferre. Quoniam si Machabeus in tribus milibus hostium .xl et viii. milia prostravit, hic plus |quam .lx. milia hostium ope .cccc. torum militum[2] in fugam versa[q] sunt. Sed nos neque Machabeorum contempnimus, nec virtutem[3] militum nostrorum predicamus. Sed tunc in Machabeum mirabilem, in nostris[r] mirabiliorem annuntiamus. Opere precium est[4] profugatis[s] inimicis nostrorum audaciam [decrevisse][t], ne auderent persequi quos precipitari aspiciebant. Igitur regresso exercitu victore[5] et vacuo tanta fames in castris fuit ut vix duo solidi homini sufficerent in pane per diem. Nec cętera minus care accipiebantur. Ceperunt itaque discedere pauperes et multi divites paupertatem verentes. Si qui amore virtutis in castris remanebant, equos suos diurna[u] contabescere fame patiebantur. Quippe (169b) nec paleę habundabant, et annona tam cara erat, ut septem vel octo solidi equo non sufficerent per noctem. Accedebat etiam et alia exercitui calamitas, quod Boimundus qui clarissimus factus fuerat in ispania discessurum se aiebat[v], eo quod propter honorem venerit, et homines et equos suos inopia[w] deperire conspiceret, nec esse divitem se dicebat, cui ad tam longam obsidionem rei familiaris opes sufficerent quę postea conperimus eum ob hoc

p. hoc agro B. — *q.* .ccc. D ; versi B. — *r.* sed Deum B ; nostris nunc DEF. — *s.* profligatis B. — *t.* nostris B ; A *écrit* crevisse, B decrevisse. — *u.* diuturna B. — *v.* aspania C ; agebat F. — *w.* B *omet* inopia.

de cueillir d'abord l'ivraie, de la lier et de la brûler. La phrase est utilisée comme une antienne, *Breviarium, pars autumnalis*, p. 421.

1. Recherche stylistique, sensible sur 7 ou 8 lignes.
2. Ces chiffres sont empruntés au *De Officiis*, lu dans le Bréviaire en octobre (Migne, *Patr. lat.*, XVI, 82). Aelfric ne les reprend pas dans son homélie sur ce sujet (*EETS*, XCIV, 89).
3. Saint Ambroise en discute aussi au même chapitre.
4. Formule utilisée par Cicéron (*4e Catilinaire*, 8), Foucher (p. 132), Gautier le Chancelier (p. 61), les commentaires patristiques, et les vers et commentaires médiévaux (*Oxford Book*, p. 34 ; *CUA*, 8, 326).
5. Cette victoire fut obtenue sur une force de secours turque envoyée par Dukak de Damas.

dixisse quod ambitione, preceps[x] civitati Antiochie inhiabat. Interea terręmotus factus est magnus in Kalendas ianuarii, et signum in cęlo[y] satis mirabile vidimus[1]. Namque in prima vigilia noctis ita cęlum rubicundum a septentrione fuit ut quasi suborta aurora diem deferre videretur[2]. Et licet hoc modo exercitum suum Deus flagellaverit, ut lumini quod in tenebris oriebatur intenderemus, tamen ita quorundam mentes cece et precipites erant ut neque a luxuria, vel rapina revocarentur[3]. Predicavit eo tempore episcopus triduanum ieiunium[4], et cum processione orationes et elemosinas ad populum, ad presbiteros autem mandavit ut vacarent missis et orationibus et clerici psalmis. Recordatus itaque[z] pius Dominus[5] misericordię suę filiorum vindictam distulit, ne adversariorum superbia cresceret. Erat preterea in nostro exercitu quidam de familia imperatoris quem pro se Alexius nobis tradiderat (170) nomine. Tatic[6] naribus truncus et omni virtute, huius ego pene oblitus fueram, quia oblivioni tradendus in perpetuum fuerat[a]. Hic autem cotidie auribus principum instillabat ut discederent ad castra finitima, atque inde frequenti assultatione et insidiis Anthiochitas[b] propulsarent. Hęc autem omnia ut comiti manifeste comperta sunt, eger enim fuerat ex die quo fugere apud pontem

x. quodam ambitione C ; princeps DEF. — *y.* F *omet* in celo. — *z.* Recordatusque est G. — *a.* perpetue tradendus fuerat B ; fueram C. — *b.* Antiochiam B.

1. Raymond donne à partir d'ici une série d'indications suggérant la présence du Christ à Antioche. Cf. l'antienne de la Résurrection, « Et ecce terraemotus factus est magnus, », auquel il répond : « et signum in celo satis mirabile vidimus ». *Colbertine*, I, 109, *HBS*, 43 ; II, 393, *HBS*, 44.

2. Les antiennes du premier dimanche de l'Avent évoquent la grande lumière qui viendra : « et claritas ejus replet orbem terrarum », et « et erit in die illa lux magna ».

3. Quelques antiennes de la première semaine de l'Avent opposent obscurité et lumière, comme dans Év. Mat. 6, 23 : « ... lumen quod in te est tenebrae... », p. ex., et « ... illuminabit oculos servorum... », et « ... ad lumen redeunt caeci... »

4. Commençant le 2 janvier 1098.

5. Esther 10, 12 : « Et recordatus est Dominus populi sui ac misertus est hereditatis suae ». Cf. aussi Ps. 97, 3, et Ps. 102, 14.

6. Taticius, chef des troupes byzantines, quitta l'armée au début de février, alors qu'une force de secours sous Ridvan d'Alep approchait d'Antioche.

conpulsus est. Principes suos et Podiensem episcopum in unum vocat[c], atque abito consilio[1] .d.tas marcas argenti illis largitur, ea nimirum conditione, ut si quis militum suorum equum deperderet, de illis quingentis marcis illi restauraretur, ac de aliis quę fraternitati concessa sunt. Hęc autem condicio confraternitatis[d] multum illo tempore profuit[2]. Quoniam pauperes de nostro exercitu, qui pro colligendis herbis ultra fluvium transire volebant, frequentem hostium assultationem metuebant. Quoniam[e] rarissime aliqui obviam hostibus ire volebant cum equi famelici et debiles essent atque admodum pauci ut in toto exercitu comitis et episcopi vix .c. reperirentur. Similiter Boamundo et reliquis contigerat. Hanc igitur ob causam milites nostri hostibus occurrere non formidabant presertim hi qui viles vel debiles equos habebant, cum scirent se perditis suis meliores habituros. Accessit autem et aliud quod omnes principes preter comitem, Boamundo civitatem dum[f] caperetur (170b) pegigerunt[g]. Hac itaque pactione Boamundus et reliqui principes iuraverunt, se ab obpugnatione Antiochie non discessuros, per vii. annos nisi civitas caperetur. Dum hęc in castris aguntur, rumor etiam[h] exercitum imperatoris venire nunciavit. Qui de multis gentibus collectus esse nunciabatur, exercitus uti sunt[i] Sclavi et Pincenati et Comani, et Turcopuli. Turcopuli enim dicuntur, qui vel nutriti apud Turcos vel de matre christiana, patre turco procreantur. Hee autem gentes quia nobis in itinere nocuerant se premetuere consorcium nostrum fatebantur. Hęc autem omnia Tatic ille truncus composuerat, qui ut[j] discedere posset talia comentabatur. Hic non solum comentis, verum etiam maximis impendiis prodicione sociorum[k] et periurio cumulatis per fugam lapsus est. Concessit enim Boamundo duas vel tres[l] civitates

c. convocat G. — *d*. fraternitatis E. — *e*. Et quoniam B. — *f*. dum civitas B. — *g*. pepigerunt BDEFG. — *h*. G *omet* etiam. — *i*. B *omet* exercitus uti, *et écrit* ut sunt. — *j*. ut qui ut D. — *k*. suorum DF. — *l*. duas nescio aut tres B.

1. Ce conseil, qui date des premières semaines de 1098, semble s'être tenu avant le départ de Taticius, dont Raymond interrompt le récit pour fournir divers renseignements et on-dit.

2. Edmund Bishop, *Liturgica Historica*, Oxford, 1918, p. 353, indique que des livres de confraternité signalent l'admission de laïques et de clercs séculiers comme « fratres conscripti » d'un monastère.

Tursol, Mamistram, Addenam[m][1]. Taliter igitur mercatus sibi et suis perpetuum pudorem, simulato itinere quasi ad exercitum imperatoris dimissis tentoriis et familiaribus suis cum Dei maledictione profectus est[n].

7[o]. Nunciatum[2] est nobis eo tempore quod dux de Caleph[3] conducto magno exercitu de Corozana[4] ad succurrendum civitati Antiochię veniret. Quapropter abito consilio in domo episcopi consultum est, ut pedites castra servarent, et milites hostibus obviam extra castra pergerent, dicebant enim quod (171) multi de exercitu nostro inbelles et pavidi si viderent Turcorum multitudinem timoris potius quam audatie exempla mostrarent. Igitur sub noctem profecti ne hi qui in civitate erant perciperent, atque his[p] in auxilium eorum venerant nunciarent. Longe a nostris castris[q] per duas leugas inter monticulos se occultavere[r]. Mane autem facto[5], cum sole hostes apparuerunt. Audiant igitur audiant obsecro qui aliquando[s] exercitum ledere conati sunt, ut cum magnificare Deum suam misericordiam in nobis cognoverint per penitentie lamenta ipsi satisfacere contendant. Dispositis itaque militibus[6] in vi. turmis tamen[t] eos Deus multiplicavit, ut qui vix .dcc.[ti] ante ordinationem apparebant, habita particione[u] plus

m. et Addenam BDEF. — *n.* D *omet* est. DEF *donnent le titre du chapitre :* Bellum unum premaximum quod fuit inter paluden et fluvium ; G, incepit bellum quod fuit inter paludem et fluvium. — *o. Dans* A : *N capital, haut de quatre lignes, mordant sur trois, d'or avec contour rouge, entouré d'un fond vert et bleu, et couleur vert bleuâtre à l'intérieur de la lettre ; rubrique vii (minuscule romaine). Dans* B : *N capital, à mi-ligne. Dans* CDEFG, *capitales de grande dimension en marge.* — *p.* qui in BDEF. — *q.* B *omet* castris. — *r.* occultaverunt B. — *s.* D *omet* aliquando. — *t.* tantum B. — *u.* porcione C, partione D.

1. Mamistra, Adana, et peut-être Turbessel (Tell Bashir). Schwan-Behrens, §§ 76 et 114.
2. Ce chapitre, numéroté xiiii (folio 4), est intitulé : « Aliud bellum quod fuit inter paludem et fluvium, in quo bello non habuit plus ». La ligne suivante, numérotée xv, continue : « de nostris quam. dcc[tos]. et divicerunt .xx[ti]viii[to]. milia Turcos ».
3. Ridvan d'Alep.
4. Les pays païens, indiqués de façon vague. Le *Libellus de Antichristo* (Migne, *Patr. Lat.*, CI, 1293) indique que l'Antéchrist, né à Babylone fut élevé à Bethsaida et Chorazin. Év. Mat. 11, 21.
5. Expression employée dans Év. Mat. 27, 1, et qui apparaît chez Raymond, Foucher, Gautier, et dans les *Gesta.*
6. Cette bataille eut lieu le 9 février.

quam duo milia inesse unicuique ordini affirmarentur[1]. De audatia vero illorum [quid] loquar[v2] ? Cum etiam cantus militares tam festive milites agerent ut quasi pro ludo imminens bellum haberent[w]. Contigit autem in eo loco bellum fieri quo palus et fluvius quę[x] per miliarium vicina sunt. Hoc autem hostibus evagandi licentiam vetuit, ne more suo accingere[y] possent. Namque Deus qui cętera nobis dederat vi.[z] valles continuas prodientibus ad bellum prebuit, atque una hora egressi, [campoque][a] occupato, sole etiam refulgente in armis et clipeis[3] pugna committitur. Nostri autem primo paulatim procedere[b]. Turci autem discurrere[c] sagittare, tamen recedere. At nostri tantum paciebantur (171b) dum priores de Turcis posterioribus infarcirentur. Etenim ut a profugis eorum didicimus non minus quam .xx.[ti] et viii.[to] milia equitum[d] in hoc bello fuisse referuntur. Utque satis prior acies Turcorum subsequentibus inclusa est[e] invocato Deo procurrunt Franci. Nec mora adest Dominus fortis et potens in prelio, protexit filios[4], prostravit inimicos. Itaque persecuti sunt eos Franci usque ad castrum[5] eorum munitissimum quod loco[f] pugne quasi .x. miliaribus aberat. Castellani autem suorum fugam videntes incenso castro fugam arripiunt. Hoc autem tamen[g] gaudium et exultatio nobis fuit ut alteram victoriam de incenso castro confiteremur. Eodem itaque die tanta pugna in castris fuit, ut ibi nullus locus fuerit versus civitatem ubi bellum non esset. Composuerant enim

v. A *écrit* qui, BCDEFG quid loquor. — *w*. bellum agerent B. — *x*. BDEF *omettent* quę. — *y*. more solito accingere G. — *z*. .vii. D. — *a*. A *écrit* campo quę, BCDEFG campoque. — *b*. ceperunt procedere B. — *c*. Turci vero discurrere B. — *d*. Turcorum B. — *e*. D *omet* est. — *f*. a loco DEF. — *g*. totum B ; hoc tamen F ; G *omet* tamen.

1. Raymond évoque ici l'intervention de l'armée des saints. Matthew Britt, *The Hymns of the Breviary and Missal*, New York, 1936 (cité ci-après : *Hymns Breviary*), p. 44 : « Te martyrum candidatus laudat exercitus ».

2. Tournure populaire, mais qu'on trouve aussi dans le *De Officiis*, 81.

3. « Refulsit sol in clypeos aureos », est un des répons de la première semaine d'octobre, mois où sont lus à l'office les livres des Maccabées ; cf. aussi *Livre I des Maccabées*, 6, 39.

4. Ps. 23, 8, et aussi Ps. 63, 3 : « Protexisti me a conventu malignantium ».

5. Harim.

hostes ut dum ab ossessis[h] acerrime inpugnaremur, ab inprovisis auxiliatoribus eorum a tergo oprimeremur. Sed Deus qui militibus nostris victoriam conferebat, in peditibus nostris preliabatur. Nec minorem suscepimus eo die de obsessis triumphum, quam de fauctoribus[i] eorum milites nostri gloriam retulerunt. Igitur potita victoria, et spoliis, capita cesorum ad castra deportata sunt. Et ut hostibus timorem et testimonium de profligato eorum[j] succursu ostenderemus, delata capita in palis suspensa sunt. Quod dispositione Dei actum esse, postea credidimus. Namque capto vexillo Beate Marię[k] (172) quasi ad obprobrium nostrum cuspidem in terram[l] figebant. Itaque actum est ut visis suorum ereptis capitibus ab improperio[m] nostro revocarentur. Erant eo tempore in nostris castris legati[1] a rege Babiloniorum, qui videntes mira quę Deus per servos suos operabatur, Ihesum Marie virginis filium glorificabant, qui[n] pauperes suos potentissimos tyrannos[o] conculcabat. Hii autem legati[p] graciam et benivolentiam apud regem suum nobis promittebant. Preterea plura beneficia regis, in christianos Egyptios et peregrinos nostros referebant. Itaque remissi sunt cum illis legati nostri qui fędus amiciciamque cum rege inirent. Eodem[q] tempore visum est principibus nostris ut in colle qui supra tentoria Boimundi erat castrum[2] firmaretur, ne si rursus hostes contra nos venirent ullo[r] modo tentoria nostra inpellere possent. Cum hoc factum fuisset, fuerunt castra nostra ita firmissima ut ad instar civitatis clausi, tam opere quam natura[s] undique essemus. Erat enim[t] ab oriente nobis castrum hoc, a meridie muri civitatis et palus quę muros muniebat, castra etiam nostra tuebatur[u]. Nec facultatem pugnandi his de civitate concedebat, nisi per portas egrederentur. Ab occidente vero fluvius erat a septentrione quoddam vetus vallum qui a monte[v] descendens, ad fluvium

h. dum obsessis F. — *i.* factoribus BG, fautoribus DEF. — *j.* testimonium eorum D. — *k.* capto nuper B ; beate semper Virginis Marie, B *passim.* — *l.* in terra BG. — *m.* erectis B ; imperio C. — *n.* qui per BDEF. — *o.* D *omet* potentissimos ; B *omet* tyrannos. — *p.* E *omet* legati. — *q.* Eo DEF. — *r.* nullo BDEFG. — *s.* clausi quodam opere et natura B. — *t.* enim hoc B. — *u.* tuebantur DEFG. — *v.* quod a monte BDEF ; ad montem G.

1. Des envoyés d'al-Afdal, vizir d'Égypte.
2. Peut-être Maregart, dont les *Gesta* rapportent la construction p. 70.

usque perveniebat. Laudabat etiam populus ut castellum aliud in monticulo qui supra pontem illorum erat firmaretur[1]. (172b) Facte sunt etiam in castris machine quę muros civitatis impellerent, sed hoc frustra fuit. Cumque[w] iam in quinto mense obsidionis nostrę naves undique cum alimoniis ad portum nostrum aplicarent[2], Turci civitatis vias maris obsidere atque portitores victualium interficere ceperunt, nostri vero principes primo tantum patiebantur. Turci autem sceleris impunitate, spe rapine die noctuque instabant. Consultumque tandem[x] est ut ad pontem illorum castrum firmaremus. Sed quia plurimi de nobis ad portum abierant, electus est comes et Boiamundus, ut eos inde adducerent, cum rastris et aliis instrumentis quibus vallum novi castelli fieret. Cumque compertum esset in civitate comitem et Boamundum abesse, assultus solitos inceperunt. Nostri autem nimis temere atque inordinate progressi, turpiter fusi atque fugati sunt.

8[y]. Cumque[3] die quarto comes et Boimundus cum multitudine maxima a portu[z] reverterentur, a Turcis explorati sunt. Nostri autem solo tumultu suo, securi esse arbitrabantur. Sed cur pluribus moror ? Ventum est ad pugnam[4], et nostri terga[a] dederunt, perdidimus enim usque ad tercentum[b] homines. Quantum vero spoliorum et armorum, non est dicere[c]. Dumque more pecudum per[d] montes et abrupta queque trucidaremur et collideremur, hi de castris hostibus[e] obviam procedere ceperunt. Sicque fac-(173)-tum est ut a cede fugientium revocarentur. Quid igitur Domine Deus ? In castris victi sunt, et hii duo maximi principes, in exercitu tuo

w. Cum igitur in G. — *x*. consultum tandem C. — *y*. A *utilise un C capital, haut de quatre lignes, mordant sur trois, d'or entouré de rouge, sur fond brun pâle, avec du bleu et du vert à l'intérieur de la lettre, et la rubrique viii (minuscule romaine)* ; C *utilise un C capital, haut de trois lignes, mordant sur deux* ; *les autres manuscrits. ignorent la division*. — *z*. ad potum B. — *a*. B *omet* et, *et écrit* Nostri autem terga. — *b*. ibi usque ad trecentos B. — *c*. est nostrum B. — *d*. et per montes F. — *e*. G *omet* hostibus.

1. En face de la Porte du Pont.
2. Le 4 mars 1098. Cette flotte était sans doute commandée par Edgard Atheling, sous l'autorité de l'empereur Alexis.
3. Ce chapitre, numéroté xvi (folio 4), a pour titre : « Item aliud bellum ubi victores fuerunt Turci, devictis principibus nostris Boamundo et comite Sancti Egidii ».
4. Le 6 mars.

extra castra victi sunt. An ad castra fugiemus, an hii de castris ad nos ? Exurge[1] et adiuva nos[f], propter nomen tuum. Quod si in castris rescitum est, quod principes victi sunt[g], vel si nos castrensium fugam nosse contigerit, communis omnium fuga fiet. Surrexit itaque adiutor in oportunitatibus Dominus[2], atque illos quos prius terruerat[h], priores in pugnam animavit. Videns igitur Gitcianus[i], qui civitatis rector erat[3], et nostrorum spolia et suorum victoriam, et adhuc quorundam nostrorum audaciam, milites et pedites suos omnes emisit, atque in spem victorię adductus, portas civitatis post suos recludi iussit[j], denuntians militibus suis vincere vel mori. Interea nostri paulatim et pro imperio procedere. Turci autem discurrere sagittare[k] nimis audacter nostris[l] incurrere. At nostri interdum paciebantur, dum densatis incurrere possent. Nec ad impetum eorum retardabantur. Tantus vero luctus et clamor in castris ad Deum erat, ut affluentia lacrimarum Dei pietatem descendendam putares. Cumque[m] cominus res gerenda foret, quidam Hisnardus miles de Gagia[n4] provincialis nobilissimus, cum[o] .cl. peditibus invocato Deo genibus flexis socios ortatus est dicens : Eia[5] milites Christi ; atque hostibus incurrit. Similiter et alię acies (173b) nostrę incurrunt, hostium itaque superbia[6] turbatur, porta clausa est, et pons strictus, fluvius vero[p] maximus[7]. Quid igitur ? Hostes turbati prosternuntur, et ceduntur, ac saxis in flumine

f. nos Domine B. — *g.* sint B. — *h.* truderat B. — *i.* Cassianus B, *tous les autres manuscrits.* Gracianus *passim.* — *j.* reclusi DEF ; recludi fecit G. — *k.* et sagittare ceperunt E. — *l.* B *omet* nostris. — *m.* cumque iam B. — *n.* Gangia C. — *o.* tum DF. — *p.* B *omet* vero.

1. Voir les versets de l'Ordinaire, et aussi Ps. 43, 26. Le *Missale Romanum*, 1474, éd. Robert Lippe, *HBS*, 17 et 23, Londres, 1899 et 1907, I, 315, indique « Exurge... » comme une antienne.
2. Ps. 9, 10.
3. Yaghi Siyan.
4. Ysoard de Ganges.
5. « Eia », exclamation courante en poésie, dans les séquences et les tropes. *Tropaire-prosier de l'abbaye Saint-Martin de Montauriol*, éd. abbé Camille Daux, Paris, 1901, pp. 10, 21, 55.
6. Sur la « superbia » des ennemis, Ps. 73, 23, et *Livre II des Maccabées*, 15, 6.
7. Mat. 7, 13, et Luc 13, 24, ont suscité de nombreux commentaires sur les périls de la voie large et les difficultés de la voie étroite. Saint Jérôme, *Sur Ézéchiel*, Migne, *P.L.*, XXV, 313.

obruuntur, fuga autem nulla patet. Quod nisi Gracianus pontis portam aperuisset illa die de Antiochia pacem habuissemus audivi[q] a multis qui ibi fuerunt quod .xx.[ti] Turcos et amplius de ponte sumptis spondalibus in flumine obruissent. Claruit ibi multum dux Lotaringię. Hinc[r] namque hostes ad pontem prevenit, atque ascenso gradu venientes per medium dividebant. Celebrata itaque victoria cum ingenti exultatione et multis spoliis, et equis multis, nostri ad castra redeunt. Contigit ibi quoddam memorabile quod utinam qui nos suis prosecuntur votis videre potuissent. Quidam enim eorum eques[s] timore mortis dum preceps profundum fluminis ingrederetur a multis de sua gente comprehensus, et ab equo suo deiectus in medio fluminis obrutus est cum illa multitudine quę eum apprehenderat. Opere precium est vidisse quosdam pauperes a victoria revertentes, alii namque intra tentoria in equis fariis discurrentes, relevationem suę paupertatis sociis ostendebant, alii autem duobus vel tribus induti sericis vestimentis largitorem[t] victorię, et muneris Deum magnificabant, alii vero tribus vel quatuor muniti (174) clipeis suum triumphum[u] alacriter pretendebant. Dumque his atque aliis[v] ostentamentis fidem magnifice victorie nobis persuasissent, de multitudine interfectorum suadere non potuerunt. Quoniam victoria sub nocte habita est cesorum capita ad castra delata non sunt. Cumque posttridie castrum ante pontem eorum[w] edificaretur, in vallo quidam de Turcis reperti sunt. Erat enim mons ille in sepulturam Saracenorum. Exuviis igitur eorum provocati pauperes omnia eorum monumenta fregerunt. Effosis itaque Turcis, qualis victoria fuerit nulli dubium fuit. Namque numerati sunt circiter mille quingenti. Taceo modo[x] et in civitate sepultos et a[y] flumine tractos. Cum autem fetore intolerabili laborantibus in castello obstitissent, cadavera in flumine proiecta sunt. Naute vero qui in fuga comitis et Boimundi dispersi et vulnerati fuerant, de victoria adhuc pre timore dubitabant. Hi autem videntes tantam multitudinem quasi de quadam multitudine convalescentes, Deum magnificare ceperunt. Qui filios suos

q. audivi ego B. — *r.* Hic BFG. — *s.* equestres D ; enim equorum equestres E ; enim eorum equestres FG ; equorum eques B. — *t.* sericis saccis indumentis largitorem B. — *u.* clipeis victorie sue triumphum B. — *v.* his et B ; his aliisque G. — *w.* illorum B. — *x.* vero G. — *y.* in B.

corrigere, et letificare consuevit. Sic itaque Dei dispositione actum est, ut qui victualium conductores in littore et ripis[z] fluminis peremptos feris et volucribus dederant, in locis eisdem feris et volucribus victualia fierent[1]. Celebrata itaque et cognita victoria et castro ędificato civitas Antiochie a septentrione et meridie obsessa est. Consultum est, (174b) eo tempore quis de principibus ad custodiendum castrum migrare potuisset. Quippe res communis pluribus frequenter[a] negligitur, dum alii ab aliis custodiri eam arbitrantur. Dumque alii de principibus quasi pro mercede vigilum suffragia ab aliis quererent, comes preter suorum voluntatem castri custodiam arripuit. Simul ut desidiam et avariciam excusaret, et vigoris atque prudentię semitam torpentibus demonstraret[2]. Namque tempore[b] preterite estatis gravi ac diuturno[c] morbo fatigatus et adeo mollis per totum[d] iemem fuerat, ut nec ad militandum nec ad largiendum promptus esse diceretur, et licet multa quia plura posse credebatur, nullus esse clamabatur[e]. Igitur nactus[f] hanc difficultatem scilicet virtutis materiam, tantam omnium invidiam passus est, ut pene a suis privatis associaretur[g]. Interea dum comes hec negligit, sperans hostes de civitate maxima ex parte obpressos ilico fugituros, quodam diluculo ab hostibus circumdatus est. Claruit ibi magnum divine protectionis miraculum, quod sexaginta viri de nostris pugnam septem milia Sarracenorum sustinuerunt, atque quo magis mirum sit, preteritis diebus imber immoderatus terram recentem humefactam[h] vallum novi castelli[3] complevit[i]. Sique hostes nulla invia sed sola virtus Dei retardabat.

z. rupis F. — *a.* frequenter a pluribus G. — *b.* B *omet* tempore. — *c.* diurno DEFG. — *d.* totam B. — *e.* credebatur B. — *f.* nautus B. — *g.* dissociaretur B ; desociaretur G. — *h.* humefactans B. — *i.* compleverat B.

1. Jérémie 16, 4.
2. Raymond commence ici des considérations morales, qui s'étendent jusqu'à la page suivante. Le péché mortel, tel que *desidia*, *avaritia*, et *invidia*, encouragé par la *torpor*, doit être combattu par les remèdes patristiques de *prudentia*, *largitas*, *instantia boni operis* et autres vertus. Cf. Walter W. Skeat, *Aelfric's Lives of Saints*, dans *Early English Text Society*, LXXVI, LXXXII, Londres, 1881, 1885, II, 355-363. Voir aussi saint Ambroise, *De Officiis*, 137-8, 129-130, et *Sur le Psaume Ier* (Migne, *P.L.*, XIV, 933), sur les conséquences de l'*avaritia*.
3. Le nouveau château, La Mahomerie, fut achevé vers le 20 mars.

Non[j] arbitror modo quorundam militum[k] egregiam virtutem, reticendam. Qui preven-(175)-ti ab inimicis dum eorum pontem custodiunt, ad castellum refugere non potuerunt. Aberat enim castellum[l], quasi iactu unius sagitte. Igitur hi milites facto giro inter hostium multitudinem ad angulum cuiusdam vicine domus pervenerunt. Ibique hostium impetus et sagittarum rabiem et saxorum undique nebulam viriliter et imperterriti sustinuerunt[m]. Interea sonitus pugne auditus in castris nostros excitavit. Sicque castrum ab hostibus liberatum est, et licet a longe prospecto succursu ab oppugnatione destitissent, et licet ponte eorum proximo, tamen posteriores eorum interempti sunt. Rursus itaque instaurato vallo, et męnibus castri, victualium conductores secure ire et redire a portu potuerunt. Igitur invidia quam comes pertulerat adeo lenita est ut ab omnibus pater et conservator exercitus appellaretur. Ab eo itaque tempore crevit comitis nomen eo quod solus[n] hostium assultus ipse[o] sustineret. Obsesso igitur ponte, et porta pontis[p], ceperunt egredi Turci per aliam portam[1], quę respicit ad meridiem iuxta fluvium, atque emittere equos suos ad quendam recessum qui inter montes et fluvium erat optima pascua. Explorato itaque[q] a nostris loco et terminato die, per quandam montis difficultatem circinata civitate, ad pascua illa venerunt atque alii per vadum transeuntes .ii. milia equos[r] inde adduxerunt[s] exceptis mulis et mulabus quę recuperata sunt. Etenim preterito tempore[t] (175b) in itinere maris multas nobis mulas abstulerant quę modo captę et recognitę a dominis suis pristine[u] ditioni concesse sunt[v]. Post hoc tempus[w][2] munivit Tancredus monasterium quoddam ultra flumen et dedit ei comes ob hoc .c. marcas argenti. Et alii de principibus prout potuerunt. Hoc enim hostes multum constrinxit. Libet itaque attendere quanto[x] pauciores[y] numero fuimus, tanto forciores nos Dei gratia

j. Nam DEF. — *k*. militum nostrorum B. — *l*. castellum a ponte illorum B. — *m*. sustulerunt B. — *n*. D *omet* solus. — *o*. B *omet* ipse ; per se G. — *p*. civitatis B. — *q*. exploratoque a G. — *r*. equorum B. — *s*. eduxerunt F. — *t*. tempore hyemis B. — *u*. et pristine B. — *v*. B *met* sunt *après* recognitę *et l'omet ici*. — *w*. B *omet* tempus. — *x*. quia quanto B. — *y*. pauperiores G.

1. La Porte Saint-Georges.
2. Au début d'avril.

fecit. Interea nuntii venire ceperunt frequentissime, dicentes[z] quod succursus hostibus veniret[1]. Hęc autem fama non solum ab Armeniis et Grecis nobis veniebat verum etiam[a] ab his qui in civitate erant nobis adnunciabatur. Quoniam Turci ante annos[b] .xiiii. Antiochię[c] obtinuerant, atque Armenos iuvenes, et Grecos, quasi[d] pro penuria domesticorum tractaverant[e], et uxores eis dederant. Hi tales cum libertatem fuge habere poterant cum equis et armis ad nos veniebant. Cumque hęc fama crebesceret[f], multi de nostris pavidi fugere ceperunt, et Armenii mercatores. Interea boni milites qui per castella diffusi erant venire atque arma emere et aptare et reficere[g]. Dumque satis contabescens timiditas ab exercitu nostro defluxisset, et animositas semper prompta cum fratribus et pro fratribus pericula subire venisset, quidam[2] de Turcis[h] qui erat[i] in civitate principibus mandavit nostris, quod civitatem nobis redderet.

(176) 10[3]. Igitur[j] communicato consilio principes, Boamundum, et ducem Lotaringię, et Flandrensem comitem ad hęc experienda miserunt. Cumque per medium noctis civitatis venissent ad collem, remissus internuntius ab eo qui civitatem reddebat dixit, expectate dum lampas transeat, etenim tres viri vel quatuor cum lampadibus per muros civitatis tota nocte pergebant excitando et commonendo vigiles. Post hęc autem appropinquantes ad murum, et erecta scala ceperunt ascendere nostri[k]. Primus[l] quidam Francus nomine Fulgerius[m], frater scilicet Budelli Carnotensis muros intrepidus conscendit, quos[n] comes Flandrensis consecutus[o], Boamundo et duci mandavit ut ascenderent. Cumque omnes festinarent ut

z. B *omet* dicentes. — a. C *omet* etiam. — b. per annos B. — c. Antiochiam BG. — d. B *omet* quasi. — e. turcaverant B. — f. fama de succursu hostium crebresceret B; crebresceret DG. — g. adaptare et reficere ceperunt B ; Dum E. — h. turcatis B. — i. B *ajoute* per Boimundum. — j. A *utilise un I capital en marge (or, avec contour rouge, sur fond vert et brun pâle, haut de sept lignes, mordant sur trois) et la rubrique x (minuscule romaine). Le bas de la lettre évoque une tête d'oiseau mordant son cou. C utilise un I capital ; les autres manuscrits ignorent la division.* — k. viri B. — l. Primusque quidam nomine B. — m. Fulcherius BDEF. — n. quem B. — o. secutus DEF.

1. Des forces commandées par Kerbogha, atabeg de Mossoul.
2. Selon les *Gesta*, p. 100, c'était « Pirrus » (Firūz).
3. Ce chapitre, numéroté xvii (folio 4), est intitulé : « Ubi reddita fuit urbs Antiochia ».

alius alium prevenirent[p], scala fracta est. At vero hii qui ascenderant descendentes in civitatem, posterulam quandam aperuerunt. Ingressi itaque nostri[q], non ceperunt aliquem de his quos invenerunt. Cumque diei aurora[1] comparuisset, conclamaverunt. Hanc ad vocem cum[r] omnis civitas turbaretur, mulieres et parvuli[s] flere ceperunt. Illi vero qui in castello comitis erant, ad hanc vocem[t] exciti, quippe ut[u] propinquiores, dicere ceperunt adinvicem : succursus eorum venit. Alii autem[v] econtra : non videtur vox ista letantium. Cumque dies albesceret[2], in meridionali colle civitatis, signa nostra comparuerunt. Turbati igitur cives cum in monte (176b) super se nostros conspicerent, alii per portas fugere, alii precipitari[w]. Restitit nullus, quippe turbaverat eos Dominus. Iocundum spectaculum, tandem post multa tempora nobis[x] facti[y], ut qui tandiu Antiochiam contra nos defenderant[z], de Antiochia[a] modo fugere non valerent. Quod si quidam eorum aripere fugam ausi sunt, tamen[b] mortem evadere non[c]. Accidit ibi quoddam satis nobis iocundum atque delectabile. Dum enim per prerupta quę collem[d] medium a septentrionali dividunt, Turci quidam subterfugere niterentur, nostris quibusdam[e] obviaverunt. Cumque Turci regredi compellerentur, tanto impetu se affecerunt repulsi fugientes, ut omnes pariter precipitarentur. Gaudium quidam[f] nobis fuit, de precipitatis hostibus. Sed de equis plus quam .ccc. inibi decollatis doluimus. Quantum[g] vero[h] spoliorum est captum infra Antiochiam, non est nostrum dicere. Nisi quod credite quantum vultis et[i] estimate supra. Quanti autem de Turcis et de Sarracenis tunc perierunt, dicere nescimus. Quam diversis autem mortibus et quam variis ceciderint, explicare crudele est. Illi autem hostes qui castellum de medio colle servabant

p. preveniret BDEF. — *q*. nostri omnes B. — *r*. ut E. — *s*. B *ajoute* eorum. — *t*. vocem omnes B. — *u*. B *omet* ut. — *v*. G *omet* autem. — *w*. se precipitare B. — *x*. G *omet* nobis. — *y*. factum B. — *z*. tenuerant B. — *a*. illa B. — *b*. tam D. — *c*. BG *ajoutent* potuerunt. — *d*. colle DEF. — *e*. quidam G. — *f*. quidem B, quippe D. — *g*. B *écrit* « Quantum... estimate supra *après* crudele est. — *h*. B *omet* vero. — *i*. B *omet* et.

1. L'aurore est mentionnée, dans les hymnes : *Hymns Breviary*, pp. 53, 71, 150 et 234. *Surtees Society*, LIX, 167, utilise « in aurora » comme rubrique.
2. Foucher, p. 234, écrit : « aurora tunc albescente ».

videntes suorum necem, et nostros ab obpugnatione sui desistere castellum suum retinuerunt. Gracianus autem egressus per posterulam quandam, ab Armeniis rusticis captus, et decapitatus, atque capud eius nobis allatum est. Quod ineffabili Dei dispositione actum credo, ut qui multis[j] eius-(177)-dem generis[k] homines decollari fecerat, ab eisdem capite truncaretur. Capta est[l] CIVITAS ANTIOCHIE .III. NONAS.IUNII[m][1]. Obsessa autem circiter .XI. KALENDAS NOVEMBRIS[n]. Interea dum nostri enumerando, et recognoscendo spolia, ab obpugnatione castri superioris desisterent, atque audiendo saltatrices[2] paganorum splendide ac[o] superbe epularentur, nullatenus Dei memores qui tantum beneficium eis contulerat, post tercium diem in nonis eiusdem iunii[p] a paganis obsessi sunt[3]. Sicque actum est ut qui tandiu per Dei misericordiam Antiochenos Turcos obsederant, per eius dispositionem a Turcis obsiderentur, atque ut magis timeremus, castellum superius[q] quod quasi civitatis custodia est in manibus hostium erat. Timore igitur coacti nostri, castelli obsidionem arripuerunt. Corbaga[r] autem Turcorum dominus in principio adventus sui sperans bellum ilico futurum, longe a civitate quasi per duo miliaria, tentoria sua fixit, atque ordinibus factis, usque ad pontem civitatis pervenit. Nostri autem prima die castellum comitis munierunt. Metuentes si ad bellum procederent, ut[s] ab hostibus qui in castello erant, civitas corriperetur, vel si castellum quod ante pontem erat desererent, et illud hostes occuparent, facultatem pugnandi, et aditum egrediendi nobis recluderent. Erat in exercitu miles clarissimus et carissimus[t] omnibus nomine Rogerius de Barnęvilla[4]. Hic cum exercitum revertentium (177b) inimicorum assequeretur, captus et capite truncatus est. Invasere igitur nostros dolor et timor usque adeo, ut ad desperationem evadendi multi ducerentur. Passi

j. multos B. — k. genus B. — l. B *ajoute* igitur. — m. Iulii DEF ;*les autres manuscrits n'utilisent pas les capitales pour* Civitas... Iunii. — n. *Les autres manuscrits n'utilisent pas les capitales.* — o. quod splendide atque DEF. — p. mensis Iunii B ; Iulii D. — q. B *ajoute* dictum. — r. Corbaras B, Corbagaz D. — s. aut B. — t. F *omet* et carissimus.

1. Le 3 juin.
2. *Ecclésiastique*, 9, 4.
3. Kerbogha mit le siège devant Antioche le 5 juin.
4. Roger de Barneville.

itaque[u] Turci semel et secundo, repulsam pugnandi tercia die castrum obpugnant, atque ibi tanta vi certatum est, ut sola Dei virtus defendere castrum et resistere adversariis crederetur. Namque cum iam transcendere vallum et diruere murum pararent, nescio unde concepto timore precipites in fugam ruunt. Decurso itaque aliquantulo spatio cum fuge causam nullam conspicerent, timiditatem suam causantes, ad obpugnationem redeunt, et quasi satisfacturi, pro pudore habite fuge vehementius imminerent. Rursus Dei virtute vehementius[v] terrentur. Itaque hostes ad castra sua redeunt ea die[w]. Alia autem die cum maximo apparatu, ad castrum redire ceperunt. Nostri vero castrum incendunt, atque mȩnibus civitatis se intrudunt. Auctus itaque timor Francorum est, et hostium audatia excrevit. Quippe qui nichil extra civitatem haberemus, et ab inimicis nostris castellum quod capud civitatis est, retineretur. Igitur confirmati Turci ingredi ad nos per castellum disposuerunt. Nostri autem loci[x] oportunitate et eminentia confisi[1], obviam hostibus contendunt, et primo impetu eos prosternunt. Dumque nostri[y] inminentes belli obliviscuntur, et prede iniant, (178) fedissime in fugam vertuntur. Etenim plus quam .c.[tum] homines in porta civitatis suffocati sunt, equi vero quam plures. Igitur ingressi castellum Turci, in civitatem deorsum descendere voluerunt. Erat enim vallis inter montem nostrum et castellum ipsorum non magna quidem, et cisterna quedam erat in medio, et modica planicies. Nec erat hostibus[z] decensus in civitatem, nisi per medium nostri montis. Quapropter omni intentione, et omni virtute sua nos expugnare, et removere ab itinere suo[a] nos contendunt, atque[b] tanta vi a mane usque[c] vesperum pugnatum est ut nusquam simile audiatur. Contigit ibi quoddam nostris satis horrendum, atque actenus inauditum, quod inter sagittarum grandinem, et saxorum atque telorum continuos impulsus, et inter mortes tantorum nostri sopiebantur[2]. Finem

u. igitur B. — *v.* imminent ; rursus diu vehementius pugnant B. — *w.* illa die D ; ipso die E. — *x.* D *omet* loci. — *y.* B *omet* nostri. — *z.* B *omet* hostibus. — *a.* B *ajoute* in civitate. — *b.* B *ajoute* ibi. — *c.* BF *ajoute* ad.

1. *Livre II des Maccabées*, 10, 34 : « loci firmitati confisi ».
2. Halldor Hermannson, *The Problem of Wineland*, dans *Islandica*, XXV, 40, note la somnolence peu naturelle, l'avertissement surnaturel,

huius pugne, si queritis nox fuit. In nocte autem cum nostri, Dei misericordiam sperare debuissent, multi desperare ceperunt, atque precipites per funes ab altitudine murorum deiciebantur. Alii autem a bello discedentes in civitatem, communem omnium decapitationem venisse cunctis nunciabant et quo magis timeri poterat, dum alii alios adortantur ut viriliter resistant[d], ipsi in fugam vertuntur. Itaque ut diximus dum nostri conturbarentur, et cum[e] in desperationem ruerent, divina clementia eis affuit, et quę lascivientes filios correxerat, nimium tristes tali modo consolata est. INCIPIT IN-(178b)-VENTIO, domini lanceę. Igitur[f] cum capta esset civitas Antiochię[g], usus[h] sua potentia et benignitate dominus, pauperem quendam rusticum[1] elegit, provincialem genere, per quem omnes nos confortavit, et comiti et Podiensi episcopo, hęc verba mandavit. Andreas Dei et Domini nostri Ihesu Christi apostolus, me quater olim monuit[i] et iussit ut ad vos venirem, et lanceam quę Salvatoris latus aperuit, capta civitate vobis redderem. Hodie autem cum ad pugnam profectus essem extra civitatem cum reliquis, atque comprehensus a duobus equitibus[j] pene suffocatus in regressu fuissem, quasi exanimis illic super lapidem quendam tristis resedissem[k]. Cumque pre[l] dolore et timore sicut tristis titubarem, venit ante me beatus Andreas cum socio quodam[m] multum michi interminatus[n], nisi cito vobis lanceam redderem. Cumque ab eo comes et episcopus revelationis et iussionis apostolicę ordinem requirerent, respondit : in primo[o] terręmotu

d. resisterent B. — *e.* B *omet* et cum. — *f.* DEG *utilisent I capital.* F *a laissé l'espace pour un I capital qu'on n'a pas tracé.* — *g.* B *omet de* incipit... *à* Antiochę. — *h.* B *ajoute* ergo. — *i.* ammonuit B. — *j.* militibus E. — *k.* resedi BG, redissem D. — *l.* atque pre DEF. — *m.* socio suo E ; et multum B. — *n.* B *ajoute* est. — *o.* principio B.

et l'improbable présence d'un « vig-flaki » (mantelet de planches) comme protection, en liaison avec l'expérience des marins nordiques lors de leurs explorations du Wineland. Les Chrétiens sont avisés de veiller : Marc 13, 33-37. *Oxford Book*, p. 141 : « et sit in armis aeterna vigilia, ne fraus hostilis haec invadat moenia ». La *Lectio Brevis* de l'Ordinaire à Complies est *Ép. I de saint Pierre*, 5, 8-9. Sans doute faut-il envisager ce sommeil plus comme un sommeil de l'âme que du corps : le chapelain n'est-il pas près d'introduire une vision pour ramener l'errant sur le chemin de la vertu ? *HBS*, 83, *Collects*, p. 231.

1. Pierre Barthélemy.

qui apud Antiochiam factus est[1], cum exercitus Francorum obsideret eam, tantus timor me invasit, ut nichil preter Deus adiuva me[p] dicere possem. Erat enim nox et ego iacebam, nec in tugurio meo erat aliquis cuius consorcio refoverer. Cum autem ut dixi concussio terrę[q] diutius duraret, et timor meus semper excresceret, coram me duo viri astiterunt in veste clarissima. Alter erat senior rufo canoque capillo. Oculi nigri, et convenientes faciei. Barba vero cana et lata et prolixa (179) et statura eius media. Alter vero et[r] iunior et procerior erat. Speciosus forma pre filiis hominum[2]. Et ait michi senior : quid agis ? et ego maxime timui quia nullum adesse sciebam, et respondi : quis es tu ? et ait : surge, et noli timere ; et audi quę ego loquor ad te : Ego sum Andreas apostolus. Congrega episcopum Podiensem, et comitem Sancti Egidii, et Petrum Raimundum[s] de Altopullo[3], et hoc[t] dices ad illos[u] : cur negligit episcopus predicare et commonere et cum cruce quam prefert cotidie[v] signare populum ? Etenim multum[w] prodesset illis et[x] addidit : veni et ostendam tibi lanceam patris nostri Ihesu Christi[4], quam comiti donabis, etenim Deus eam concessit illi ex quo genitus est. Surrexi itaque et secutus sum eum in civitatem nullo circumdatus amictu preter camisiam et induxit me in ęcclesiam beati Petri apostoli[y] per septentrionalem portam quam antea Sarraceni maumariam[z] fecerant. In ęcclesia vero duę lampades erant, quę tantum lumen ibi reddebant ac si meridies illuxisset. Et dixit michi : expecta hic. Et iussit me assistere columnę quę [proxima][a] erat gradibus quibus ascenditur[b] ad altare a meridie et socius eius a longe stetit ante gradus altaris. Ingressusque[c] sub terram sanctus Andreas produxit lanceam atque in

p. B *omet* me. — *q.* B *omet* terre. — *r.* B *omet* et. — *s.* B *omet* Raimundum. — *t.* hec B. — *u.* eos C. — *v.* B *omet* cotidie. — *w.* G *omet* multum. — *x.* F *omet* et. — *y.* B *omet* apostoli. — *z.* bafumariam B. — *a.* A *écrit* pro maxima ; *tous les autres manuscrits* proxima. — *b.* ascendebatur B. — *c.* Ingressus autem B.

1. Sans doute le 30 décembre 1097. Ps. 67, 9.
2. Ps. 44, 3. Dans le Bréviaire et le Missel, ce verset est assez fréquemment utilisé, comme verset, graduel et antienne. Voir l'introduction, p. 16 et note 2.
3. Pierre Raymond d'Hautpoul.
4. *Livre II des Maccabées,* 15, 15-16. Voir l'introduction, p. 17 et note.

manibus michi tradidit. Et dixit michi : ecce lancea quę latus eius[d] aperuit, unde tocius mundi salus emanavit[1]. Dumque eam in manibus meis[e] tenerem, la-(179b)-crimando pre gaudio dixi ei : domine si vis portabo eam et reddam comiti. Et dixit michi : sine modo. Futurum est[f] enim ut civitas capiatur. Et tunc venies, cum .xii. viris et queres eam hic[g] unde ego abtraxi, et ubi eam recondam. Et recondidit eam. His ita peractis super murum civitatis reduxit me in domum meam, et sic a me recesserunt. Tunc ego mecum recogitans, et paupertatis meę abitum et vestram magnitudinem, veritus sum ad vos accedere. Post illud tempus cum profectus essem ad quoddam castrum quod est iuxta Roiam[2] propter alimoniam, prima die quadragesime[3] in galli cantu affuit[h] beatus Andreas in eodem abitu et cum eodem sotio quo prius venerat, et magna claritas domum replevit[4]. Et ait beatus Andreas : vigilasne ? Sic expergefactus respondi : non domine[i]. Domine mi non dormio. Et ait michi : dixisti ea[j] quę dudum tibi dicenda mandavi ? Et respondi : domine nonne ego precatus sum vos ut alium eis mitteretis, etenim metuens paupertati meę accedere ante[k] illos dubitavi. Et dixit michi : nescisne[l] cur Deus huc vos adduxit ? et quantum vos diligit, et quomodo vos precipue elegit ? Pro[m] contemptu sui[n] et suorum vindicta vos huc venire fecit. Diligit vos adeo ut sancti iam in requie positi divine dispositionis gratiam prenoscentes in carne esse et concertare nobiscum[o] vellent. Elegit vos Deus ex omnibus gen-(180)-tibus sicut[p] triticeę spicę[5] de avenaria colliguntur, etenim meritis et gratia preceditis omnes qui ante et post vos venient, sicut aurum precio[q] precedit argentum. Post hęc discesserunt, et me tanta egritudo oppressit ut lumen

d. B *omet* eius. — *e*. B *omet* meis. — *f*. B *omet* est. — *g*. E *écrit* unde hic. — *h*. B *ajoute* mihi. — *i*. B *omet* domine. — *j*. Dixisti mihi E. — *k*. ad B. — *l*. Nescis E. — *m*. pre D. — *n*. contentu suo B. — *o*. vobiscum B. — *p*. F *omet* sicut. — *q*. BG *omettent* precio.

1. Év. Jean 19, 34.
2. Près d'Édesse.
3. Le 10 février 1098.
4. Les antiennes de l'Avent proclament : « ...et claritas ejus replet orbem terrarum ».
5. Le froment est couramment chez les Pères l'image des Chrétiens à sauver. Év. Jean 4, 35.

oculorum perderem et dispositionem tenuissime paupertatis meę facerem. Tunc ego cępi mecum cogitare, quod ob neglegentiam apostolicę iussionis tuę iuste michi contingerent[r]. Confortatus itaque ad obsidionem reversus sum. Rursus paupertatis mee debilitatem recogitans, timere cepi si ad vos venirem, famelicum me esse et pro victu talia ea[s] referre me proclamaretis, itaque ea vice conticui. Defluente itaque tempore cum apud portum Sancti Symeonis sabbato[1] in palmis[t] essem, atque cum domino meo[u] Willelmo Petri, infra tentorium una recubarem, affuit beatus Andreas, cum socio et habitu eodem quo prius venerat, atque michi sic locutus est : cur non dixisti comiti et episcopo et aliis quę ego preceperam tibi ? Et respondi : domine nonne ego[v] precatus sum te ut alium pro me mitteres ? Qui et[w] sapientior esset, et quem audire vellent ? Preterea Turci sunt in itinere qui venientes et abeuntes interficiunt. Et ait sanctus Andreas : noli timere[2], quia nichil tibi nocebunt. Hęc quoque dices comiti[x] cum venerit ad Iordanem fluvium non intinguatur ibi sed navigio[y] transeat. Cum autem transierit, camisia et bragis (180b) lineis[z] indutus[3] de flumine aspergatur, et postquam siccata fuerint eius[a] vestimenta reponat ea et conservet cum lancea Domini. Et hęc dominus meus Willelmus Petrus[b] audivit, licet non videret apostolum. Confortatus igitur, ad exercitum reversus sum. Cumque hoc[c] vobis hęc pariter dicere vellem, coadunare vos non potui. Itaque profectus sum ad portum de Mamistra[4], ibi[d] vero cum navigare in Cyprum insulam[5] pro victualibus vellem, comminatus est michi multum sanctus[e]

r. BDEFG *omettent* tuę ; hęc iuste B ; michi hoc DEF ; contigeret DF. — s. pro victualia D ; BDEFG *omettent* ea. — t. B *omet* sabbato in palmis. — u. G *omet* meo. — v. F *omet* ego. — w. EF *omettent* et. — x. ad comitem DEF. — y. naufragio F. — z. laneis G. — a. F *omet* eius. — b. Petri BDF. — c. BG *omettent* hoc, E cumque hec. — d. ad Mamistram D, Mamista B ; ubi E. — e. beatus B.

1. Les anciens livres liturgiques indiquent ainsi « In sabbato Pentecost », suivi de « Dominica Pentecostes », ou « Sabbato Paschae » suivi de « Dominica sancta Paschae » (Migne, *P. L.*, CII, 316, 567).
2. Luc 8, 50.
3. Les indications pour le vêtement de Raymond au Jourdain sont peut-être suggérées par Ézéchiel 44, 17-19.
4. Mamistra.
5. Chypre.

Andreas, nisi cito[f] reverterem[g] et vobis iniuncta michi referrem. Cumque cogitare mecum quomodo reverterem ad castra, aberat enim portus ille ab exercitu quasi per tres dies, amarissime flere cepi. Cum redeundi facultatem reperire non possem, tandem a sociis et[h] domino meo conmonitus navigium ingressus, in Cyprum remigare cepimus. Et cum per totam diem remis et prosperis ventis ageremur, usque ad solis occasum orta subito tempestate[1], in spatio unius hore vel duarum ad relictum portum reversi sumus. Sicque secundo et tercio a transitu proibiti in insulam, ad portum Sancti Symeonis reversi sumus[i], ibi langorem[j] gravissimum incurri[2]. Capta autem civitate ad vos veni, et nunc si vobis placet experimini quę dico : episcopus autem[k] nichil esse preter verba putavit. Comes vero ilico credidit, et illum qui hoc dixerat capellano suo Raimundo custodiendum tradidit[l].

(A)pparuit[m3] in ipsa nocte quę secuta est Dominus noster Ihesus Christus cuidam sacerdoti (181) nomine Stephano[n4] lacrimanti pro interitu suo et sociorum quem futurum ilico sperabat, etenim terruerant eum quidam qui de castello descenderant, dicentes Turcos iam descendere de monte in civitatem, atque nostros fugere et victos esse, propterea sacerdos volens habere Deum mortis suę testem, ingressus ęcclesiam beatę Marię abita confessione, et sumpta venia cum quibusdam sociis psalmos cantare cępit. Dormientibusque aliis[o] cum solus vigilaret, atque cum dixisset, Domine quis habitabit[5] in tabernaculo tuo aut quis requiescet in monte sancto tuo, stetit coram eo vir quidam ultra omnem speciem pulcher[p], et dixit ei : homo, quęnam est hęc gens

f. G *omet* cito. — *g.* redirem B. — *h.* a D. — *i.* B *omet* Sicque... sumus. — *j.* laborem G. — *k.* D *omet* autem. — *l.* G *écrit* DE VISIONE CUIUSDAM SACERDOTIS. — *m.* A *a laissé l'espace pour un A capital qu'on n'a pas tracé.* B *utilise un A capital au milieu de la ligne ;* C *utilise une petite capitale en marge ;* DEFG *utilisent A capital.* — *n.* B *omet* nomine Stephano. — *o.* F *omet* aliis. — *p.* habens pulcritudinem B.

1. Jonas 1, 3-5.
2. Daniel 8, 27. Daniel est malade après son rêve.
3. Ce chapitre, numéroté xviii (folio 4), est intitulé : « Ubi lancea fuit inventa a Petro Bartholomeo ».
4. Étienne de Valence.
5. Ps. 14, 1, lu aux heures nocturnes.

quę civitatem ingressa est ? Et ait presbiter : christiani. Et dixit ille : cuiusmodi christiani ? Et sacerdos[1] : qui credunt Christum de virgine natum, et in cruce passum, mortuum, et sepultum, et resurrexisse tercia die, atque in cęlum ascendisse. Et dixit vir ille : et si christiani sunt cur paganorum multitudinem verentur ? Et addidit : agnoscisne me ? et respondit presbiter : non agnosco te[q], nisi quod pulcherrimum omnium te video. Et ait vir : diligentissime intuere me. Cumque in eum perspicaciter sacerdos intenderet, de capite eius speciem, crucis sole multum clariorem procedere vidit. Et ait viro interroganti de se[r] : domine imagines Ihesu Christi esse dicimus, quę similem tibi speciem preferant[s]. Et dixit illi dominus : bene dixisti quia (181b) ego sum. Nonne scriptum est[t] de me quia sum dominus fortis et potens[u] in prelio[2] ? Et quis est dominus in exercitu ? Et respondit presbiter : Domine non fuit ibi unus[v] solus dominus umquam, sed magis episcopo credunt. Et dixit Dominus : hęc dices episcopo. Populus iste male agendo me elongavit a se, et ideo dicat eis[w] : convertimini ad me et ego revertar ad vos[3]. Et cum pugnam inierint, hęc[x] dicant : congregati sunt[4] inimici nostri et gloriantur in virtute sua contere fortitudinem illorum domine et disperge illos ut cognoscant[y] quia non est alius qui pugnet pro nobis nisi tu Deus noster. Et hęc quoque dices ad illos[z] : si feceritis quę ego precipio vobis, usque ad quinque dies, vestri miserebor[5]. Hęc autem eo dicente mulier Maria mater Ihesu

q. B *ajoute* Domine. — r. B *omet* viro... se *et écrit* presbiter. Domine, imagines Domini nostri Ihesu. — s. preferunt B. — t. F *omet* est. — u. B *ajoute* Dominus potens. — v. E *omet* unus. — w. B *ajoute* Hec dicit Dominus. — x. B *omet* hęc. — y. B *omet* ut cognoscant. — z. eos BDEF.

1. Quand il fut demandé à saint Alban quelle sorte d'homme il était, il répondit : « Je suis un Chrétien et j'adore le Christ... Je crois dans le Sauveur qui est le vrai Dieu et qui a fait toutes créatures » (*Aelfric's Lives*, II, 416-419). Pour le reste, voir le Credo.

2. Ps. 23, 8.

3. Zacharie 1, 3.

4. Raymond cite ici un répons du Bréviaire d'octobre, mois où sont lus les Livres des Maccabées. *Surtees Society*, X, 134, et LXXI, 602-603.

5. Judith 7, 23 : « et hos quinque dies expectemus a Domini misericordiam ». L'antienne est encore utilisée durant l'Avent : « Nolite timere, quinta enim die veniet ad vos Dominus noster » (*HBS*, LXIX, *Breviary of Hyde*, I, 15 v°.

Christi[a] quedam supra modum inflammati vultus accessit. Et intuita[1] Dominum, dixit ei : Domine et quid huic viro dicitis ? et Dominus ad illam[b] : Quero ab eo de hac gente quę civitatem ingressa est quę sit. Et ait domina : O Domine mi, hi sunt pro quibus ego tantum te rogo. Cumque sacerdos socium suum qui prope se[c] dormiebat pulsaret, ut tante visionis testem habere potuisset, ab oculis eius sublati[d] sunt. Mane autem facto in montem sacerdos ascendit, ubi principes nostri morabantur, contra Turcorum castellum preter ducem. Ille enim castellum quod erat in septentrionali colle servabat. Convocata itaque[e] contione, habuit[f] hęc verba ad nostros principes[g], atque (182) ut verum esse monstraret[h], super crucem iuravit. Incredulis autem satisfacere volens vel transire per ignem vel precipitari[i] de altitudine turris voluit. Tunc iuraverunt principes, quod de Antiochia non fugerent[j] neque egrederentur nisi de communi consilio omnium. Etenim populus ea tempestate existimabat quod principes vellent fugere ad portum. Confortati sunt itaque[k] multi, etenim in nocte preterita pauci steterunt in fide qui fugere non voluissent. Quod nisi episcopus et Boiamundus portas civitatis reclusissent, admodum pauci remansissent. Fugit tamen Guillelmus de Grandismainil[l] et frater eius[2], et multi alii[m] laici et clerici. Multis autem contigit ut cum de civitate cum maximo periculo evasissent in manus Turcorum maius periculum mortis incurrebant[n]. Eo tempore contigerunt nobis plurime revelationes per fratres nostros, et signum in cęlo[3] mirabile vidimus. Nam stella[4] quedam maxima per noctem super civitatem stetit, quę post paulum[o] in tres partes divisa est, atque in Turcorum castris cecidit[p]. Confortati igitur aliquantulum nostri

a. BDEFG *omettent* Maria... Christi. — *b.* B *omet* et Dominus ad illam *et écrit* Domina quero. — *c.* B *omet* se. — *d.* sublevati F. — *e.* B *ajoute* sacerdos. — *f.* G *omet* habuit. — *g.* princepes retulit G. — *h.* verum diceret B. — *i.* D *omet* per... precipitari ; precipitare se B. — *j.* fuerunt F. — *k.* DF *omettent* itaque. — *l.* Wilelmus BDEF ; Grandimasimil B ; Grandismatnil DEF ; Grandemaznil G. — *m.* G *omet* alii. — *n.* mortis incidebant G. — *o.* paululum BDEFG. — *p.* Turcorum partes occidit B.

1. Marc 10, 21.
2. Guillaume et Aubrey de Grand-Mesnil.
3. Jérémie 10, 2.
4. Séquence : « Exibit ex Jacob rutilans, iniquit, stella. Et confringit ducem agmina regionis... » (*Surtees Society*, LIX, 32).

diem quintum quem predixerat sacerdos expectabant. Die autem illa[q] preparatis necessariis duodecim viri[r] cum homine illo qui de lancea dixerat eiectis de ęcclesia Beati Petri omnibus aliis, fodere cępimus. Fuit autem in illis .xii.cim viris, episcopus Aurasicensis[1], et Raimundi comitis capellanus[s], qui hęc scripsit, et ipse comes, (182b) et Pontius de Baladuno, et Faraldus de Tornaiz[t2]. Cumque a mane usque ad vesperum fodissemus[u], in vespere desperare quidam de inventione lanceę ceperunt. Discesserat enim comes propter castelli custodiam. Sed loco illius et aliorum qui fodiendo fatigabantur, alios recentes inducebamus qui viriliter operi insisterent. Videns autem iuvenis qui de lancea dixerat nos defatigari[v], discinctus et discalciatis pedibus in camisia in foveam descendit, atque obtestatus est nos ut Deum deprecaremur, quatinus nobis lanceam suam redderet, in confortationem et victoriam suę plebis. Tandem per gratiam pietatis suę commonitus est[w] Dominus, ut lanceam suam nobis ostendat. Et ego qui scripsi hęc cum solus mucro adhuc appareret super terram, osculatus sum eam. Quantum gaudium et exultatio tunc civitatem replevit, non possum dicere. Inventa est, autem lancea octavo decimo, kalendas iulii[3]. Secunda vero nocte astitit Beatus Andreas iuveni per quem nobis lanceam reddiderat et dixit ei : Ecce Deus donavit comiti quod nulli[x] umquam donare voluit, et constituit illum[y] vexilliferum istius exercitus. Siquidem perseveraverit in amore eius. Cumque ab eo misericordiam pro populo postularet iuvenis, respondit ei Sanctus Andreas : Quod revera Dominus[z] miseretur sui populi. Et rursus cum quereret ab eodem de socio[a] quis esset quem tociens viderat, dixit ei Beatus (183) Andreas : Accede et osculare pedem eius. Festinus itaque volens accedere, vidit plagam unam super pedem eius, ita recentem et sanguinolentam ac si modo facta fuisset. Cum autem dubitaret accedere propter vulnus et sanguinem, ait

q. alia B. — *r*. B *omet* duodecim viri. — *s*. F *omet* capellanus. — *t*. Thoart B. — *u*. fodissent B. — *v*. fatigari F. — *w*. B *omet* est. — *x*. B *ajoute* alii. — *y*. eum BCE. — *z*. DEF *omettent* Dominus. — *a*. sotio suo B.

1. L'évêque d'Orange.
2. Farald de Thouars.
3. Le 14 juin.

Sanctus Andreas : (Ecce[b] ille pater qui pro nobis vulneratus in cruce fuit, et hęc inde plaga. Hęc etiam Dominus precipit ut celebrem habeatis diem illum in quo lanceam suam vobis reddidit, et quia in vespere reperta est, et non potuit dies illa celebris haberi sequenti ebdomada (183b) in octabis sollempnitatem celebrabitis, et singulis annis deinceps in die inventionis ipsius lanceę (183). Hęc quoque dices ad eos[c] ut contineant se sicut epistola docet fratris mei Petri, quę hodie legetur. Et[d] epistola fuit hęc[1] : Humiliamini sub potenti manu Dei. Et cotidie clerici ante lanceam cantent hunc ymnum[2] : Luxtra sex qui iam peracta tempus implens corporis[e]. Et cum dixerint agnus in cruce levatus inmolandus stipite flexis genibus ymnum finiant. Cum autem ad hęc episcopus Aurasicensis et ego quereremus si sciret litteras respondit : nescio, existimans si diceret : scio, [numquid] crederemus[f] ei. Et erat aliquantulum sciens. Sed in ipsa hora ita ignoravit, ut nec litteras cognosceret neque aliquid eorum quę litteris[g] didicerat memor esset exceptis Pater noster et[h] credo in Deum, Magnificat[i] et Gloria in excelsis Deo, et benedictus dominus Deus Israel[3]. Cętera enim ita perdiderat, ac si numquam ea audisset, et licet cum maximo labore postea pauca[j] recuperare potuit[k].) (183b) Inter hęc autem tanta fames in civitate fuit ut excepta lingua capud equum[l] duobus vel tribus solidis venderetur, intestina vero capreę .v. solidis, gallina .viii.[m] vel novem solidis, de pane quid dicam quod[n] .v. solidi non sufficerent ad depellendam famem unius. Nec erat mirum nec grave esse poterat his qui tam care mercabantur cum auro et argento et palliis habundarent. Hęc autem ideo cara

b. *Nous suivons* B. *Tous les autres manuscrits écrivent* Hęc quoque dices... *(l. 7) après* Andreas, *et* Ecce ille pater... *après* potuit *(l. 20)*. — *c.* illos B. — *d.* DF *omettent* Et. — *e.* B *omet* tempus... corporis. — *f.* A *écrit* nunc quod, B, non crederemus, DEF, numquid crederemus. — *g.* G *omet* litteris. — *h.* B *omet* et. — *i.* G *omet* Magnificat. — *j.* post DF ; DEFG *omettent* pauca. — *k.* cepit B. — *l.* equinum BDEF. — *m.* vii vel viii DEF. — *n.* cum B.

1. *Ép. I de saint Pierre*, 5, 6.
2. Hymne de Vénance Fortunat, qui peut être trouvé dans les anciens bréviaires (*Colbertine*, *HBS*, XLIII, I, 83-84), et se chante encore dans l'Ordinaire à Laudes, et en des fêtes comme l'Exaltation de la sainte Croix, 14 septembre.
3. Autrement dit, le paysan pouvait seulement se rappeler quelques passages de l'Ordinaire, en plus du *Gloria in excelsis* de la Messe.

erant, quia conscientię militum (possesse)[o] criminibus[1] audatia carebant, ficus autem inmaturas ab arboribus decerpebant, atque costas[p] carissime vendebant. Corio vero[q] boum et equorum et alia neglecta ex longo tempore illa[r] similiter diu cocta carissime vendebantur, adeo ut duas solidatas comedere quislibet[s] posset. Plerique milites sanguine suorum equorum vivebant[t], expectantes Dei misericordiam nolebant eos occidere adhuc. Hęc autem[u] et alia mala multa obsessis imminebant quę enumerare difficile est. Accedebat etiam aliud satis grave quod quidam de nostris ad Turcos fugiebant, et miseriam quę erat in civitate eos docebant. His[v] atque aliis rebus Turci audaces effecti, vehementissime nobis imminebant. Die autem quadam media in turrem unam de nostris[w] ascenderant circiter .xxx. Turci, quod nostri[x] satis exorruerunt, tamen nostri pro (184) periculo certantes Dei adiutorio, alios occiderunt, alios precipitari coegerunt. Ob hanc igitur causam omnes Boiamundo obedientiam promiserunt, usque ad quindecim dies post bellum ut de custodia civitatis et de bello ipse disponeret. Nam comes valde infirmabatur et episcopus, et Stephanus[y] comes quem ante captam civitatem pro dictatore alii principes elegerant audiens famam belli aufugerat[2]. Sicut diximus[z] nostris devictis et depressis et angustiatis[a] cęleste auxilium affuit, et quomodo ante bellum et in bello agere deberemus Beatus Andreas per iuvenem illum qui de lancea dixerat edocuit. Offendistis[b] omnes graviter, et ideo humiliati estis et clamastis ad Dominum et exaudivit vos Dominus[3], et nunc unusquisque pro suis offensis se Deo convertat[c], et .v. elemosinas faciat, propter .v. plagas Domini. Quod si

o. A *écrit* posse ; possessee D ; B *omet* possesse criminibus ; CEFG posse. — *p*. coctas BD. — *q*. F *omet* vero. — *r*. ita E. — *s*. B *ajoute* quilibet. — *t*. B *ajoute* et. — *u*. F *omet* autem. — *v*. B *ajoute* autem. — *w*. F *omet* de nostris. — *x*. qui nostros B. — *y*. B *ajoute* autem. — *z*. B *ajoute* ita. — *a*. G *omet* et angustiatis. — *b*. B *ajoute* inquid. — *c*. committat B.

1. *Ép. 2 Corinthiens*, 1, 12, *Ép. Hébreux*, 13, 18, rappellent au Chrétien la nécessité d'avoir bonne conscience. Le péché (« crimen », selon les Pères) l'empêchait. C'était un thème pour les homélies, les hymnes, etc.
2. Étienne de Blois avait fait retraite jusqu'à Alexandrette. De là, il vint rejoindre l'empereur à Philomelium, où celui-ci décida (20 juin) de retirer ses troupes, laissant les Croisés à leur destin.
3. *Surtees Society*, X, 167, 177.

hęc nequiverit quinquies dicat Pater noster. His[d] peractis in ea sententia qua convenient principes de bello incipite in nomine Domini per diem sive per noctem quia manus Domini erit vobiscum. Si quis autem de victoria dubitat, aperiantur ei porte et vadat ad Turcos, et et videbit[e] quomodo Deus illorum salvum faciet illum[1]. Si autem pugnare aliquis recusaverit, sit cum Iuda proditore Domini qui apostolos deseruit, et Dominum suum Iudeis vendidit. Pugnam[f] vero in fide Beati Petri tenentes quod Deus[g] sibi promisit quod post tercium (184b) diem resurgeret, et ei appareret, et pro hac etiam causa quod hęc terra iuris Beati Petri sit et non paganorum, et sit signum clamoris vestri Deus adiuva. Et revera Deus adiuvabit vos. Omnes[h] fratres vestri qui obierunt ab incepto itinere aderunt vobiscum[2], in hac pugna, et vos expugnate decimam partem hostium, quia ipsi in virtute et iussione Dei[i] novem partes expugnabunt. Et ne differatis de bello quoniam totidem hostes ab altero latere adducet Dominus quot habetis ab uno, et tamdiu vos huc[j] tenebit inclusos donec alii alios comedant. Sed scitote profecto quia advenerunt dies illi quos promisit Dominus Beatę Marię et apostolis suis quod elevaret regnum christianorum, deiecto et conculcato paganorum regno[3]. Ad tentoria vero[k] eorum propter aurum vel[l] argentum ne divertatis[4]. Patuit[m] tunc Dei potentia ut qui nobis per apostolum suum supradicta predicari iussit, corda omnium, adeo confortavit, ut fide et spe iam triumphasse quisque sibi[n] de hostibus suis videretur, adortabantur alii

d. B *ajoute* ita. — *e. Tous les autres manuscrits écrivent* et videbit. — *f.* pugnent BDEF. — *g.* Christus B. — *h.* B *ajoute* etiam. — *i.* B *omet* et iussione ; Domini E. — *j.* hic B. — *k.* B *omet* vero. — *l.* et BF. — *m.* statuit B. — *n.* B *omet* sibi.

1. Esther 10, 9 : « Salvum fecit Dominus populum suum ». Ps. 30, 3, 4, 17. Phrase fréquente dans les psaumes ; verset de l'Ordinaire à Laudes.

2. C'est l'armée des saints. *Surtees Society*, LXXV, 17 : « Miles Christi gloriose ».

3. Le thème de la fin du monde a été fort utilisé dans les homélies : *The Blickling Homilies of the 10th Century*, dans *EETS*, 58, p. 107, éd. R. Morris. Il y avait les signes du jugement, élaborés d'après Marc 13, 22-27, et Mat. 3, 2, 10, 7, et 13, 38-43. *Aelfric's Lives*, dans *EETS*, 82, II, 347. Le ms. 41, Corpus Christi College, Cambridge, 287-295, porte en marge une homélie en vieil anglais qui contient les signes du jugement.

4. Le *Livre I des Maccabées*, 4, 17-18, avertit l'armée de ne pas convoiter le butin, mais d'attendre jusqu'après la bataille.

alios, et adortando vires pugnandi resumebant. Vulgus etiam[o] quod diebus preteritis inopia atque formidine consumptum esse videbatur, principibus modo conviciabatur, querendo[p] de belli dilatione. Constituta autem die ad pugnam miserunt principes[q] nostri Petrum Heremitam ad Corbaran[r] ducem Turcorum ut desisteret[1] ab opugnatione civitatis, quia iu-(185)-ris erat Beati Petri et christianorum. Respondit ille superbus quia iure iniuria vel[s] Francos et civitatem habere volebat, atque Petrum Heremitam inclinare nolentem suplicare sibi coegit. Quesitum est eo tempore quis civitatem custodiret contra illos qui in castello erant. Dum alii ad pugnam[t] progrederentur, fecerunt[u] in colle nostri montis contra hostes murum calceum et propugnacula, et munierunt hęc multis petrariis, et dimiserunt ibi Raimundum comitem, qui usque ad mortem infirmabatur, et viros usque .cc.[v] Ventum erat[w] ad diem pugne. Mane communicaverunt omnes, et se Deo[x] dederunt, ad mortem si vellet, vel ad decus Romane ęcclesię et genti[y] Francorum. Constituerunt autem de bello sic, ut de gente comitis et episcopi fierent duo ordines duplices, ut pedites preirent militibus et pro imperio principum irent et starent. Et milites sequerentur eos atque a tergo custodirent[z]. De gente Boimundi et Tamcredi similiter. De gente comitis Normannię, et Francigenis similiter. De gente ducis et Burgundionibus similiter. Ibant autem precones per civitatem clamantes, unusquisque[a] homo principibus de[b] gente adhereret. Mandatum est etiam ut Hugo Magnus[2] et comes Flandrensis, et Normannię comes, primi ad bella procederent. Deinde dux, post ducem episcopus, post episcopum Boimundus[c]. Congregati sunt[d] unusquisque ad signum et cognationem suam infra civitatem (185b) ante portam pontis. O quam beata gens[3] cuius

o. autem C. — *p.* B *omet* querendo. — *q.* B *omet* principes. — *r.* Corbagaz D *passim*, Corbagat EF *passim*. — *s.* iure vel iniuria BDEF ; G *omet* vel. — *t.* F *omet* ad pugnam. — *u.* et fecerunt BDEF. — *v.* DEF *ajoutent* Ubi exierunt ad bellum. — *w.* est DEF. — *x.* F *omet* Deo. — *y.* gentis B. — *z.* sequerentur F. — *a.* clamantes ut E, ut quisque B. — *b.* BG *ajoutent* sua. — *c.* B *omet* Post... Boimundus *et écrit* deinde sequeretur eos Boimundus. — *d.* B *ajoute* ergo.

1. Le 27 juin.
2. Hugues de Vermandois, frère du roi de France.
3. Ps. 32, 12. Cette formule apparaît dans l'Office, comme un verset,

est dominus Deus eius[e] ! O quam beatus populus quem Deus elegit ! O quam inmutatam faciem huius[f] exercitus a tristicia[1] in alacritate ! quippe[g] preteritis diebus ibant, per plateas civitatis Dei auxilium appellantes, ad ęcclesias[h] principes et nobiles, et hi qui erant de populo nudis pedibus lacrimantes, et pectora[i] percutientes[2] adeo tristes, ut pater filium obvium non resalutaret[j], neque respiceret, neque frater fratrem. Modo vero cerneres eos alacres equos emittere, excutere arma, et vibrare astas[3], nec posse pati quietem quin dictu vel opere aliquid iocundum facerent vel dicerent. Sed cur pluribus moror ? Concessa est potestas illis[k] egrediendi et quę a principibus consolata[l] fuerant ordine complentur. Inter hęc dux Turcorum Corbaras infra tentorium suum scaccis[m] ludebat, et accepto nuntio quod Franci ad pugnam progrederentur, turbatus animo[4], quod preter spem hęc audiebat, appellavit quendam Turcum qui de Antiochia aufugerat nomine Mirdalim[n], nobilem et nobis notum per miliciam suam et dixit ei : Quid hoc est ? Nonne tu michi dixeras[o] quia Franci pauci erant, et numquam mecum pugnarent ? Et respondit ei Mirdalin : Non dixi quod non pugnarent. Sed veni[5] et videbo[p] eos[q] et dicam tibi si poteris eos facile superare. Et iam tercius ordo de nostris[r] progrediebatur. Cumque (186) vidisset ordinum dispositiones Mirdalin, dixit ad Corbaran : Occidi quidem isti [s]possunt, sed verti in fugam nequeunt. Et tunc Corbaras[t] illi : Nulli eorum propelli aliquatenus possunt ? Et respondit Mirdalin : Non quantum planta[u] pedis habet cedent, si omnis gens[v] paganorum eis incurrat. Tunc ille[w] licet turbatus,

e. F *omet* eius. — *f.* F *omet* huius. — *g.* cur quippe B. — *h.* ecclesiam DEF. — *i.* B *ajoute* sua. — *j.* resultaret C, resulutaret F, salutaret G. — *k.* F *écrit* illis *après* est. — *l.* consulta B. — *m.* schachis B. — *n.* Miredalin B. *passim.* — *o.* dixisti B. — *p.* vide B. — *q.* B *omet* eos. — *r.* B *omet* de nostris. — *s.* F *omet* isti. — *t.* E *ajoute* dixit. — *u.* plaga E. — *v.* omne genus B. — *w.* F *omet* ille.

pour la première semaine de novembre. Voir aussi *Missale 1474*, *HBS*, 17, I, 106, 452 ; *Surtees Society*, LIX, 75, 227 ; Ps. 143, 15.

1. Le péché de *tristitia* est surmonté par une vigoureuse activité.
2. Luc 23, 48. Karl Young, *The Drama of the Medieval Church*, Oxford, 1933, II, 507 (cité ci-après : Young, *DMC*), indique comme rubrique pour le *Planctus Marie* (ms. du XIVe siècle) : « Hic percuciat sibi pectus ».
3. *Livre II des Maccabées*, 11, 8 ; *Hymns Breviary*, p. 196.
4. Ps. 6, 4 ; Mat. 2, 3.
5. Ps. 45, 9 ; Ps. 65, 5 (« Venite et videte opera Dei ») ; Mat. 28, 6.

ordines multos et multiplices instruit adversum nos. Et cum primo potuissent exitum nobis prohibere, pacifice exire permittebant. Nostri autem[x] tantum acies suas versus montana dirigebant, caventes ne nos incingerent[y] a tergo. Erant autem montana[z] a ponte quasi duobus magnis miliaribus procedebamus ita spatiosi sicut in processionibus, clerici pergere solent. Et revera nobis processio erat. Etenim sacerdotes et multi monachi induti stolis albis ante acies militum nostrorum pergebant, Dei adiutorium et sanctorum patrocinia invocando cantantes. At contra hostes nobis incurrebant[a], et sagittabant. Mandavit etiam Corbaras ad principes nostros paratus erat facere modo quod[b] nuper abnegavit, ut quinque vel .x. Turci[c] cum totidem Francis decertarent[d], et quorum milites vincerentur pacifice aliis cederent. Responderunt ad hęc nostri : Noluistis cum hęc[e] voluimus. Nunc autem quia properavimus[f] nos ad pugnam, decertent singuli pro suo iure. Cumque ut diximus planiciem totam occupavissemus, quedam pars Turcorum post nos (186b) remansit atque quibusdam[g] peditibus nostris incurrit, pedites vero illi facto giro impetum hostium sustinuerunt viriliter. Cum vero[h] Turci nullo modo eos propellere possent ignem circa eos accenderunt, ut qui gladios non formidabant, saltim ab igne corriperentur. Itaque cedere eos compulerunt. Habebat enim locus ille fęnum multum et siccum. Egressis namque[i] ordinibus stabant sacerdotes nudis pedibus et induti sacerdotalibus[j] vestimentis supra muros civitatis Deum invocantes, ut[k] populum suum defenderet, atque testamentum quod sanguine suo sancivit[l] in hoc bello per victoriam Francorum testificaretur. In hoc autem spacio quod processimus a ponte usque ad montana maxime laboravimus, propter hoc quod ipsi hostes volebant nos accingere. Inter hęc licet maiores hostium ordines nobis qui in turma episcopi eramus incumberent, tamen per presidium dominicę lanceę quę ibi[m] erat nullum ibi vulneraverunt, sed neque sagittam nobis[n] intorserunt.

x. B *omet* autem. — *y.* accingerent DEF. — *z.* B *ajoute* longe. — *a.* incurrere volebant B. — *b.* paratus facere quod E. — *c.* B *ajoute* pugnarent. — *d.* B *omet* decertarent. — *e.* hoc B. — *f.* paravimus B, properamus G. — *g.* B *omet* quibusdam. — *h.* B *omet* vero *et écrit* cumque. — *i.* itaque B. — *j.* F *omet* sacerdotalibus. — *k.* auxilium ut G. — *l.* G *omet* suo ; sanctivit B. — *m.* D *omet* ibi. — *n.* DEF *omettent* nobis.

Vidi[o] ego[1] hęc quę loquor, et[p] dominicam lanceam ibi ferebam. Quod si quis dicat Heraclium vicecomitem vexilliferum episcopi in hoc bello vulneratum fuisse, sciat quod et vexillum suum alii tradiderat, et ordinem nostrum longe reliquerat. Ut vero omnes viri bellatores de civitate progressi[q] sunt, aparuerunt nobis[r] .v. alię acies, inter nos[2]. Etenim[s] ut iam dictum est .viii. acies nostri principes tantum constituerant, et .xiii. ordines (187) extra civitatem fuimus[t]. Hoc[u] unum valde memorabile non pretereamus. In principio egressionis[v] ad pugnam, imbrem divinum[3] super omnem exercitum suum inmisit Dominus[w], parvum sed gratum, quo qui tactus est, omni gratia repletus et fortitudine, et hostes contempnebat, et quasi in deliciis regiis semper enutritus exiliebat. Non minus hoc idem mirabile equis nostris etiam contigit. Cui enim defecit equus suus nisi peracta pugna ? Etiam si non gustaverit aliquid preter cortices et folia arborum, per viii[x]. dies. Multiplicavit[y] adeo Deus exercitum nostrum[z] ut qui ante pugnam pauciores hostibus esse videbamur, in bello[a] plures eis fuimus. Itaque nostris progressis et dispositis, non licuit nobis committere pugnam et ipsi versi[b] sunt. Persecuti sunt eos nostri usque ad occasum solis. Operabatur ibi mirabiliter Dominus, tam in viris quam in equis nostris. Quippe viri avaritia a bello non revocabantur. Et illi equi famelici quos vix domini sui in prelium pascendo deduxerant, levissime equos Turcorum pingues, et currentissimos modo[c] consequebantur. Nec gaudium hoc solum voluit habere nos Dominus[d]. Etenim Turci qui castellum de civitate munierant,

o. Ubi B. — *p.* B *omet* et. — *q.* egressi B. — *r.* B *omet* nobis. — *s.* Ut enim ut G. — *t.* fuerunt B. — *u.* enim C. — *v.* B *ajoute* nostre. — *w.* Deus F. — *x.* septem B. — *y.* insuper adeo B. — *z.* suum DG. — *a.* pauciores eramus quam hostes in bello B. — *b.* reversi sunt D ; pugnam quoniam ipsi versi sunt in fugam B. — *c.* currissimo modo et currissimos modo F. — *d.* Deus F.

1. *Apocalypse*, 5, 1, et *passim*, emploie la formule « et vidi ». Les textes apocryphes du Nouveau Testament suivent en général cet emploi de la première personne pour évoquer des révélations d'un autre monde. Voir par exemple les diverses versions de la descente du Christ en enfer d'après l'évangile apocryphe de Nicodème. Voir aussi Daniel 8, 1. M. R. James, *The Apocryphal New Testament*, pp. 94, 117-123.
2. C'est l'armée des saints, indiquée par les *Gesta*, p. 154.
3. *Livre de l'Ecclésiastique*, 39, 9 ; *Surtees Society*, X, 198 ; *Missale* 1474, *HBS*, 17, 1, 411 ; *Collects*, *HBS*, 83, 87, 174.

videntes suorum precipitem fugam desperantes alii tantum pacti vitam se nostris reddiderunt alii precipites fugerunt. Et licet bellum hoc tam atrox atque timidum esset, tamen[e] pauci milites de hostibus ibi ceciderunt, sed peditibus eorum vix aliquis evasit. Omnia (187b) autem tentoria[f] hostium[g] capta sunt et auri et argenti multum et spoliorum plurimum annonę vero et peccorum, et[h] camelorum sine mensura et numero. Renovatumque est nobis illud Samarie de mensura similaginis et ordei quę[i] statere accipiebantur[1]. Facta sunt autem hęc in vigilia apostolorum Petri et Pauli[2]. Quibus intercessoribus Ihesus Christus dominus noster contulit hanc victoriam peregrine ęcclesię Francorum qui vivit et manet cum servis suis propitius Dominus per cuncta secula[j] seculorum amen.

11. Factum[k3] est autem[l] post victoriam quod principes nostri Boimundus et comes et dux, et comes Flandrensis castrum civitatis receperunt[m], sed Boiamundus altiores turres suscepit, iam tum[n] dolorem concipiens, quo[o] protulit iniquitatem. Etenim consequenter homines ducis et Flandrensis[p], et comitis Sancti Egidii violenter de castello expulit dicens, se iurasse illi Turco qui civitatem reddidit, quod ipse solus haberet eam. Ob hoc etiam quia inpune id commiserat castella civitatis, et portas quę[q] comes et episcopus, et dux tempore obsessi quo fueramus[r] servaverant requirere cepit. Concesserunt ei omnes[s] preter comitem. Ille enim licet infirmus esset, tamen portam[t] pontis nec prece, nec promissis, nec minis dimittere voluit. Nec solum principes nostros eo tempore discordia

e. tam D. — *f.* temptoria eorum B. — *g.* B *omet* hostium. — *h.* ac B. — *i.* BD *ajoutent* pro. — *j.* Deus per omnia secula B. — *k.* A *utilise un F capital, haut de six lignes, mordant sur deux, vert et brun clair sur fond d'or, avec du bleu à l'intérieur de la lettre, et la rubrique xi (minuscule romaine). Tous les autres manuscrits donnent cette division.* — *l.* DEF *omettent* autem. — *m.* acceperunt DEF. — *n.* tunc B. — *o.* qui B, quod G. — *p.* G *ajoute* comitis. — *q.* quas B. — *r.* que obsessi fuerunt D ; fuerunt EF. — *s.* B *omet* omnes. — *t.* portas F. —

1. *Livre IV des Rois*, 7, 18.
3. La date de la victoire fut le 28 juin.
3. Ce chapitre, numéroté xxi (folio 4), est intitulé : « Ubi obiit Ademarus episcopus Podiensis, et ubi aparuit ipse Petro Bartholomeo ». La table des matières suggère aussi deux autres coupures pour des chapitres, qui ne furent pas observées par le scribe : « De visione cuiusdam sacerdotis », et « Ubi exierunt ad bellum contra Corbaran ».

concussit, verum etiam populi gratiam ita dissolvit ut pauci essent (188) qui non cum sociis vel[u] domesticis suis de furti vel rapinę causis concertarent. Nec in civitatem iudex aliquis erat qui posset vel vellet discurrere[v] causas, sed quantum quisque poterat, eo modus iniurię venit. Comes autem et episcopus valde infirmabantur, et tueri suos[w] ab iniuria minime[x] poterant. Sed quid moram in his agimus ? Quippe nostri ocio, et diviciis remissi, de itinere propter quod venerant, usque in Kalendas novembris contra Dei preceptum distulerunt[1]. Etenim eo tempore ita territę atque confecte timore Sarracenorum civitates in fuga Turcorum fuerunt, ut si tunc equitassent nostri Franci, non esset usque in Iherusalem civitas, quę lapidem ut nos credimus, eis remitteret[y]. Interea domnus episcopus Ademarus Podiensis dilectus Deo et hominibus vir per omnia omnibus carus, die Kalendarum augusti, in pace migravit ad Dominum[2]. Tantusque luctus omnium christianorum[z] in morte eius fuit, ut nos qui vidimus cum pro magnitudine rerum scribere curavimus, comprehendere aliquatenus nequivimus[a]. Quantum utilis[b] Dei exercitui et principibus fuerat, post mortem eius manifestum fuit, cum inter se divisi principes Boiamundus in Romaniam est regressus, et dux Lotaringię versus Roais profectus est. Sepulto igitur episcopo in ęcclesia Beati Petri Antiochię, secunda nocte astitit dominus Ihesus cum Beato (188b) Andrea et ipso eodem[c] episcopo Petro illi Bartholomeo qui de lacea[d] dixerat in capella comitis, ubi lancea Domini erat. Et locutus est[e] ei episcopus dicens : Gratias Deo et vobis[f] omnibus fratribus meis et Boamundo qui me de inferno liberaverunt, etenim peccavi graviter postquam lancea domini reperta est[g]. Ob hoc utique[h] in infernum deductus sum[3], atque ibi flagellatus acerrime, et

u. de F. — *v.* dirimere B ; discutere FG. — *w.* nec tueri eos B. — *x.* B *omet* minime. — *y.* eremitteret B. — *z.* B *ajoute* inibi morantium. — *a.* nequivissemus B. — *b.* B *ajoute* autem. — *c.* B *omet* eodem. — *d.* A *écrit* lacea ; *tous les autres manuscrits* lancea. — *e.* F *omet* est. — *f.* B *omet* vobis. — *g.* sunt G. — *h.* itaque B.

1. Ce conseil fut tenu le 3 juillet.
2. Le 1er août.
3. Épisode emprunté à une vie de saint : saint Fursey a souffert de semblable façon. Thorpe, *Homilies*, II, 322-349 ; *An Old English Martyrology*, éd. George Herzfeld, dans *Early English Text Society*, CXVI, Londres, 1900, 20-21 ; *Colbertine, HBS*, 43, I, 249-250 ; *Facsimiles of*

capud meum et facies combusta sunt, sicut[i] videre potes. Fuit[j] ibi anima mea ab ora qua de[k] corpore egressa est, donec corpusculum meum pulveri traditum est. Reddidit michi Dominus inter ipsa flammarum incendia vestimentum quod vides, quia cum episcopatus ordinem suscepi, illud pro Deo cuidam pauperi tribui. Et licet exestuaret gehenna et insanirent adversum me ministri Tartharei, nichil tamen subtus ledere potuerunt. Nichil de omnibus quę de patria mea detuli adeo michi profuit sicut hęc candela quam amici mei hic pro me obtulerunt, et illi[l] tres denarii, quos ego lanceę obtuli. Hęc[m] etenim me refecerunt, cum usque ad mortem esuriens de inferno progrederer. Dominus meus Boimundus dixit quod corpus meum in[n] Iherusalem portaret. Sit illi[o] pro gratia sua ne me moveat, quia de sanguine Domini adhuc ibi est cui me sociavit. Sed si dubitat de his quę tibi dico, aperiat sepulchrum meum, et capud et[p] faciem meam perusta videbit. Domino meo comiti familiam meam comisi, benefaciat ei ut Deus faciat[q] secum (189) misericordiam, et adimpleat[r] quę illi promisit. Et ne doleant fratres mei, si ego vitam finivi, quoniam numquam[s] eis profui[t] quantum prodero, si precepta Dei servare voluerint. Etenim cum illis habitabo et omnes fratres mei qui vitam ut ego finierunt, et eis apparebo et multo melius quam actenus consiliabor eis[u]. Et vos fratres mei estote[1] memores penarum inferni quę tam graves et orrende sunt. Servite itaque Deo[v] qui vos[w] liberare potest de his atque aliis malis. Et quam bene natus, qui inferni pęnas ignorabit, poterit hoc illis[x] conferre salvator qui precepta eius servaverunt[y]. Quod superaverit de hac candela in mane conserva, et eligat comes cum quibus ipse voluerit episcopum loco mei, quoniam non est iustum ut si ego defunctus sum, Beata Maria episcopum non habeat. Unum[z] de palliis meis donate ad

i. sic E. — *j.* B *ajoute* autem. — *k.* D *omet* de. — *l.* B *omet* et illi... obtuli. — *m.* Hii B. — *n.* G *omet* in. — *o.* D *omet* illi. — *p.* G *omet* capud et. — *q.* fatiat E. — *r.* et impleat F. — *s.* numquam tantum B. — *t.* DEFG *ajoutent* tantum. — *u.* B *ajoute* consolabor eos *et omet* consiliabor eis. — *v.* Domino B. — *w.* D *omet* vos. — *x.* D *omet* illis. — *y.* servaverint BG. — *z.* unde DEF.

Horae de Beata Maria Virgine (from English Manuscripts of the Eleventh Century), éd. E. S. Dewick, dans *HBS*, XXI, 38, Londres, 1902.

1. *Ép. saint Jacques*, 1, 19, et 5, 7.

ęcclesiam Sancti Andreę. Et Beatus Andreas supplicavit ei. Post hęc Beatus Andreas assistens propius, taliter locutus est : Audiant omnes quę per me loquitur Dominus[a]. Memor esto[1] comes illius doni, quod tibi tradidit Dominus. Quę operaris in nomine eius operare ut Dominus facta et dicta tua[b] dirigat, et orationem tuam exaudiat. Prius[c] donum quod vobis contulit Dominus[d] scilicet Nicea est, aversa ab eo[e], Deus donavit vobis suam civitatem[f] et abstulit eam inimicis[g] vestris et postea non fuit ibi cognitus, et si aliquis nomen Domini invocavit ibi fuit flagellatus[h], et opera Domini non fuerunt ibi[i] facta, et[j] propter bonitatem suam[2] noluit (189b) vos derelinquere Dominus, quin concederet vobis ea, quę petitis, et plus etiam quam[k] querere ausi estis. Ille enim vobis[l] lanceam contulit, quę corpus suum plagavit, unde sanguis nostrę redemptionis effluxit. Et non donavit vobis ita facere de hac civitate sicut[m] de altera fecistis et videre potestis quia pro meritis vestris non donavit eam vobis Dominus. Mandat tibi o comes dominus ut sapias qui se dominum huius civitatis voluerit facere super alios, et quere ab eo quale dominium volebat[n] portare propter dominum. Quod si tu et alii fratres tui quibus Deus hanc civitatem donavit[o] cognoveritis, quod fidelis sit et iusticiam Dei tenere voluerit[p][3], et si iusticiam et iudicium noluerit facere et tenere[q], sed per potestatem suam vult tenere civitatem tu per te et per[r] fratres tuos postula consilium a Deo, et Deus dabit tibi. Et illi homines qui via recta[4] venerunt[s] vel Deum diligunt tibi non deficient. Illi autem qui nolunt[t] tenere viam rectam rever-

a. quid per me loquitur Deus dicens B. — *b.* D *écrit* tua *après* facta. — *c.* Primum B. — *d.* Deus DG. — *e.* adeo D. — *f.* Dominus donavit vobis civitatem hanc B. — *g.* ab inimicis F. — *h.* ibi invocavit flagellatus est G. — *i.* F *omet* ibi. — *j.* sed B. — *k.* E *omet* quam. — *l.* B *écrit* vobis *après* contulit. — *m.* secuti DF. — *n.* voluerit B. — *o.* Deus dedit hanc civitatem B ; do F. — *p.* B *omet* Dei *et écrit* voluerit habeat ; querere F (tenere A). — *q.* iudicium vel iusticiam tenere vel facere noluerit B. — *r.* E *omet* per. — *s.* tenent B. — *t.* noluerint DE, noluerunt F.

1. Ps. 73, 2, 18, 22 ; Ps. 88, 51 ; Ps. 118, 49 ; Ps. 136, 7 ; Ép. 2 à Timothée 2, 8 ; *Oxford Book*, p. 125.
2. Ps. 24, 7 : « ... propter bonitatem tuam, Domine ». *Collects, HBS*, 83, 226.
3. Ézéchiel 18, 5, et 45, 9 ; Jérémie 22, 3, et 23, 5.
4. Isaïe 40, 3 ; Marc 1, 3 ; Mat. 3, 3.

tantur ad illum qui noluit[u] tenere iusticiam, et videbitur[v] quomodo Deus salvabit illos, sed habebunt maledictionem ex parte Dei et matris eius, illam quam habuit Lucifer cum de cęlo cecidit. Et vos si unanimes sitis[w], postulate consilium in oratione et Deus dabit vobis. Et si concordia sit inter vos[1], tenete consilium de patriarcha qui sit de vestra lege. Illos autem homines qui de captivitate ad vos venerunt, ut legem vestram tenerent (190) nolite solvere illos[x], sed illos qui ambulaverunt in corrozanam[2] ut deum Turcorum adorarent, nolite recipere sed habete eos sicut Turcos, et mittite .ii. vel .iii. ex his in carcerem et ipsi demonstrabunt vobis alios. Postquam autem suprascripta facta fuerint[y], petite a Domino consilium de via propter quam venisti[z], et ille bene consiliabitur[a] vobis. Iherusalem est prope vos .x. dies, et si non vultis tenere suprascripta[b] de .x. annis non ibitis in Iherusalem, et post .x. annos reducam infideles in honore, et .c. de illis prevalebunt adversus mille de vobis. Et vos homines Christi petite a Domino peticionem quam apostoli petierunt et[c] sicut illis donavit, ita et vobis nunc donabit. Comes et Boimundus ite ad ęcclesiam Beati Andreę, et ille dabit[d] vobis optimum consilium apud Deum, et quod in corde vestro posuerit Deus, illud facite. Et postquam visitaverit[e] vos Beatus Andreas, visitate illum et facite ut fratres vestri visitent illum. Inter vos comes et Boiamundus sit concordia et dilectio Dei et proximi. Et si bene vos .ii.o[f] concordaveritis, nulla res poterit vos dissiparẹ[3]. Primam iusticiam quam debetis facere, decet demonstrare. Sicut sunt homines de singulis episcopiis

u. noluerint D. — *v.* videbunt B. — *w.* estis B. — *x.* eos B. — *y.* Postquam ista a vobis fuerint acta B. — *z.* via pro quam B ; venistis BDEF. — *a.* consulit B. — *b.* supradicta B. — *c.* B *omet* et. — *d.* donabit B. — *e.* visitavit B. — *f.* B *omet* ii°.

1. Marc 9, 49.
2. Chorazin (Mat. 11, 21 ; Luc 10, 13) était un thème pour les homélies ; saint Augustin, *Enchiridion*, dans Migne, *P. L.*, XL, 275, 1, xcv.
3. En liaison avec « disseparabat » et « disseparavit » des *Gesta*, pp. 136 et 186, le sens qu'a ce mot ici, « séparer », est intéressant, par la lumière qu'il jette sur le terme « decebrai », utilisé dans des serments de la fin du xe siècle en France méridionale (cf. *HGL*, V, 301 et *passim*) : en se fondant sur le latin « decipio », on le traduit couramment par tromper ; il faut plutôt le traduire par priver ou séparer.

suis[g] profiteantur divitias suas, et adiuvent pauperes de cognatione[h] sua prout poterint[i], et necesse fuerit. Alias autem sicut[j] concordaveritis, facite. Quod si hanc et alias iusticias (190b) tenere noluerint, vos eos constringite. Et si aliquis aliam civitatem retinere[k] voluerit de his quas vobis Deus[l] dabit, secundum suprascripta facite ut se contineat. Si autem facere noluerint[m], comes cum filiis Dei eos flagellet. Hęc vero dicta[n] primum credita deinde oblita sunt. Etenim alii dicebant reddamus civitatem imperatori, alii autem non. Cum vero[o] Petrus morte perurgeretur apud obsidionem Archados, advocavit comitem et dixit ei : Cum veneris in[p] Iherusalem fac ut exercitus postulet Deum, quatinus vitam tuam prolonget, et continuet. Et Deus prolongabit eam, tatundem[q] quantum vixisti. Tu autem cum reversus fueris prope .v. leugas ęcclesiam[r] Sancti Trophimi[1], lanceam Domini pones, et ęcclesiam ibi fabricari facies. Et fiet ibi moneta quam tu iurabis ne falsa fiat[2]. Sed neque[s] aliud aliquid falsum ibi fieri permittes. Vocabitur ille locus Mons gaudii et fiet[t] hęc infra Provinciam. Etenim Beatus Petrus Trophimo discipulo suo promisit quod lanceam Domini ei mitteret. Atque sic per huiusmodi discordias et sediciones res pauperum anullatę sunt. De hoc consilio quod acceperunt apud Sanctum Andream principes[u] nichil fuit. Inter hęc Turci de Caleph quoddam castrum quod Asa[3] vocatur[v] obsederunt. Afflicti itaque[w] Turci qui intus erant mandaverunt duci qui in illis regionibus erat ut castrum ipsorum reciperet, quia deinceps non alium nisi de genere Francorum dominum (191) habere volebant. Ob hoc itaque dux Antiochiam reversus comitem qui iam convaluerat ex infirmitate et milites et pedites suos omnes pro causa[x] pauperum[y]

g. B *écrit* episcopatibus *et omet* suis. — *h*. patria B. — *i*. poterunt BDEF. — *j*. si DEF. — *k*. tenere B. — *l*. D *omet* Deus. — *m*. noluerit B. — *n*. B *omet* dicta. — *o*. B *omet* Cum vero... mitteret *ici et donne cette information après* serviatis, *page 129*. — *p*. D *omet* in. — *q*. tandumdem C, tantundem DFG. — *r*. in ecclesia G. — *s*. nec D. — *t*. fient BG. — *u*. De consilio autem quod apud Sanctum Andream accipere principes debuerunt B. — *v*. B *omet* quod Asa vocatur. — *w*. igitur B, ita F. — *x*. DEFG *ajoutent* propria. — *y*. DEFG *omettent* pauperum.

1. Saint Trophine était l'évêque légendaire d'Arles : *Dypticha Ecclesiae Arelatensis*, dans Migne, *P. L.*, CLI, 733. Sa fête tombe le 5 décembre : *Propylaeum ad Acta Sanctorum*, Bruxelles, 1940, décembre, p. 607.
2. Peut-être suggéré par *Deutéronome* 25, 13-16.
3. 'Azāz.

ut in hispaniam depredatum eos deduceret in unum evocaverat[z], et[a] multum rogavit ut Turcis qui Deum reclamabant, pro Deo et pro gloria gentis Francorum atque pro se succurreret, addens quod contra machinas obsidentium Turcorum obsessi Turci crucem pretenderent. His atque aliis huiusmodi precibus cum duce comes profectus est. Hęc autem ubi a Turcis cognita sunt, ab obsidione discedunt[1]. Ut vero ad Asa exercitus noster pervenit, suscepit dux obsides de castello pro fidelitate deinceps, et comes cum gravi[b] dispendio sui exercitus Antiochiam[c] reversus est. Rursus comes congregavit milites suos ut plebem pauperum in hispaniam[d] conduceret[2], quę fame et tedio Antiochię deficiebat. Apparuit autem sanctus Andreas Petro Bartholomeo eo tempore apud Roiiam[e3] infra tentorium ubi manebat episcopus Atensis[4], et capellanus comitis Raimundi, et alius caput[f] nomine Simon. Hic autem Simon audiens eos colloquentes sibi, scilicet sanctum Andream cum Petro Bartholomeo capud suum cooperuit. Et ut ipse retulit, plurima audivit, sed hoc solum retinuit. Domine ego dicam. Episcopus vero[g] Attensis ait : Nescio utrum in sompnis fuerit annon. Quidam senex stetit[h] coram me indutus alba et stola[i] atque in manibus suis dominicam[j] lanceam tenens ait michi : Credis[k] (191b) hanc esse lanceam Ihesu Christi ? Et respondi : Credo domine. Atque cum sic[l] secundo et tercio idem quesisset a me, dixi : Revera credo domine hanc esse lanceam quę sanguinem de latere[m] Ihesu Christi eduxit, unde redempti sumus omnes. Et post hęc cum impetu me[n] qui prope dormiebam excitavit. Ego autem[o] cum evigilassem, splendorem quidem insolitum vidi. Et quasi quandam gratiam animo concipiens, ab eis qui aderant

z. pauperum in unum evocaverat, et ut in hispaniam depredatum eos deduceret B ; duceret F ; convocaverat G. — *a.* BDEFG *omet* et. — *b.* grandi DEF. — *c.* DEF *omet* Antiochiam ; ad Antiochiam G. — *d.* B *omet* in hispaniam. — *e.* Rodiam B. — *f.* Raimundus BDF ; Raymundus E *passim* ; capellanus BDEFG. — *g.* B *omet* vero. — *h.* DEF *omettent* stetit. — *i.* indutus stola alba B. — *j.* F *omet* dominicam. — *k.* E *ajoute* et. — *l.* B *omet* Atque cum... Domine. — *m.* B *ajoute* Domini nostri. — *n.* B *ajoute* Raimundum. — *o.* B *ajoute* Raimundus.

1. Peut-être le 14 septembre.
2. Le 25 septembre.
3. Chastel-Rouge.
4. L'évêque d'Apt.

querere cepi, utrum quandam[p] quasi plebem[q] tumultuationem sentirent. Et ceperunt omnes alii dicere minime. Ille vero Petrus cui hęc revelatio facta fuerat, cum adinvicem ea quę supradiximus diceremus[r], respondit : Et merito gratificum splendorem hic conspicitis[1], cum ille pater diutius hic steterit, a quo omnis gratia procedit. Cum autem ab eo quereremus, ut quę dicta sibi[s] fuerant, nobis manifestaret hęc nobis et comiti dixit : Hac nocte venit hic Dominus et beatus Andreas in spetie qua prius venire soliti sunt et tercius quidam cuius statura erat parva indutus lineis et barba longissima. Tunc[t] comminatus est michi multum beatus[u] Andreas, eo quod reliquias corporis ipsius apud Antiochiam repertas in ęcclesia ipsius, in quodam loco indigno dimiseram. Et dixit : Cum precipitatus essem de quodam monte ab infidelibus duos digitos michi confregi, atque post mortem meam hic vir eos accepit, et Antiochiam detulit. Et tu cum eos invenisses ne-(192)-glegenter habuisti. Alterum passus es tibi subripi, alterum[v] ibi indigne dimisisti. Et ostendit manum sine[w] digitis. Deinde o comes de te multum questus[x] est. Nam cum munus ineffabile nullique[y] alii concessum a Domino acceperis, graviter et nequiter peccare in conspectu Domini non vereris. Unde tibi Dominus hoc signum demonstravit. Namque ante quintum diem cum in festivitate beatę Fidis[2] candelam adeo[z] magnam obtulisses ut per tres dies, et totidem noctes durare potuisset[3], non[a] quidem illa splendorem dedit, sed statim liquefacta, in terram corruit. In hac autem nocte cum parvam candelam obtulisses adeo ut[b] vix usque ad galli cantum durare posset, et dies est et durat adhuc, nec tercia pars ex ea combusta est. Propterea hęc tibi mandat Dominus, nichil

p. quidam B. — *q*. plebis BDEF. — *r*. queremus B. — *s*. B *écrit* sibi *après* quę. — *t*. Et B. — *u*. sanctus DEF. — *v*. F *omet* alterum. — *w*. B *ajoute* duobus. — *x*. conquestus B. — *y*. venerabile munus nullique B. — *z*. B *omet* adeo. — *a*. nullum B. — *b*. D *omet* ut.

1. Peut-être suggéré par la Transfiguration, Luc 9, 29-32.
2. Sainte Foy, vierge et martyre : *Colbertine* II, *HBS* 44, 455-6 ; *Surtees Society*, XV, 26 ; Cl. Brunel, *Les plus anciennes chartes en langue provençale*, Paris, 1926, p. 17. L'*Ordinale Exon.*, éd. J. N. Dalton, dans *HBS*, XXXVII, XXXVIII, xlvi, place sa fête au 6 octobre.
3. Patrick F. Moran, *Acta Sancti Brendani*, Dublin, 1872, pp. 107, 136. La chandelle ne diminue pas, parce que la lumière est spirituelle.

incipias nisi prius penitentiam egeris[1]. Alioquin tu et quicquid egeris, ut candela liquefacta, in terram corrues. Quod si penitentiam egeris, quicquid incipias[c] in nomine Domini, Deus perficiet et consummabit. Et ut candelam parvam vides diu durare[d], sic faciet Dominus magnum quicquid inceperis[e] si parvum sit. Cumque comes se ita graviter peccasse excusaret, Petrus[f] et peccatum sibi narravit, et comes ita confessus est et penitentiam egit. Et rursus dixit Petrus ad comitem : Conqueritur o comes beatus Andreas de consiliariis tuis eo quod multa mala tibi scienter consilientur. Quare tibi precipitur (192b) ut illos ad consilium tuum non admittas[2] nisi prius iurent quod scienter mala tibi non dent consilia[g]. Audi adhuc comes. Mandat tibi Dominus ne diucius moram facias quia nisi prius Iherusalem capta fuerit, succursum nullum habebis. Cum autem prope Iherusalem fueris nullus per duas leugas ibi equitet. Quod si ita feceritis[h] civitatem suam donabit vobis Deus[i]. Post hęc multas gratias retulit michi sanctus Andreas, quod ęcclesiam quę suo nomini fabricata fuerat apud Antiochiam consecrari feceram. Hęc et alia locutus est michi sanctus Andreas, de quibus dicere nunc locus non est[j]. Post hęc sublati sunt ipse et socii eius[k]. Igitur comes cum populo pauperum et paucis militibus in Siriam profectus primam civitatem Sarracenorum Barram[3] nomine viriliter expugnavit et multa milia Sarracenorum ibi interfecit, multaque[l] milia ad Antiochiam reducti venundati sunt. Et illos qui dum obpugnarentur timore mortis se ei reddiderant[m], liberos ire[n] permisit. Deinde habito consilio cum capellanis suis et principibus satis laudabiliter et honeste quendam sacerdotem episcopum ibi elegit. Etenim convocatis omnibus qui ibi secum aderant, quidam comitis capellanus parietem quendam ascendit. Atque omni conventui comitis desiderium manifestavit. Cumque populus

c. inceperis B. — *d.* vides durare parvam B. — *e.* ceperis etiam si B. — *f.* tunc Petrus B, beatus Petrus G. — *g.* mala non consilientur B. — *h.* feceris B. — *i.* Dominus vobis B. — *j.* quibus nunc locus non est dicendi B. — *k.* sui G. — *l.* et multa B. — *m.* reddiderunt B, crediderant DEF. *n.* — abire BC.

1. Luc 11, 32.
2. Ps. 1, 1 ; saint Ambroise, *Sur le Psaume 1er*, dans Migne, *P. L.*, XIV, 934.
3. Albara, assiégée en octobre.

multum instaret ut electo fieret, idem comitis capellanus rursum cepit[o] querere, si esset ibi aliquis de clero qui fidelium vota susciperet, et quantum pos-(193)-set paganis resistendo, Deo et fratribus ibi serviret. Cumque omnes tacerent, Petrum quendam[p] Narbonensem[1] genere advocavimus. Cui[q] in presentia tocius[r] consilii laborem episcopatus ostendimus, rogantes ut pro Deo et fratribus illum[s] suscipere non dubitaret, si hoc in animo habebat ut mallet mori quam relinquere civitatem illam. Quę cum profiteretur laudavit eum omnis[t] populus unanimiter, atque Deo multas gracias protulit[u] quod episcopum romanum in orientali ęcclesia habere voluit per sui administrationem. Concessit episcopo comes medietatem civitatis, et tocius territorii. Et iam[v] instabant Kalende novembris in quibus omnes principes convenire Antiochiam promiserant, et incipere iter propter quod venerant. Erat autem[w] Barra ab Antiochia longe, per duos dies ultra Antiochiam. Igitur comes relicto exercitu suo apud Barram cum electo suo et multis captivis, et spoliis magnis cum grandi exultatione Antiochiam reversus est[2]. Convenerant[x] ibi omnes principes preter Balduinum fratrem ducis[3]. Hic vero Balduinus ante captam Antiochiam versus[y] Eufraten profectus Roais ditissimam civitatem atque famosam[z] obtinuerat, et multa prelia cum Turcis feliciter gesserat. Sed antequam ad reliqua veniamus[a], hoc unum[b] pretereundum non videtur de duce Lotharingię, qui cum Antiochiam eo tempore cum duodecim militibus veniret, .c.^{tum} l.^{ta} Turcos obviam habuit. Tunc adsumptis armis, et cohortatus milites suos (193b) viriliter hostes aggressus est. Turci autem ut viderunt quia Franci mortem magis pugnando, quam fugam cum[c] salute eligerent, quedam pars Turcorum descendit ut altera pars securius pugnaret, cum scirent socios suos a bello dimisis equis suis non discessuros. Sic itaque bellum inceptum

o. G *omet* cepit. — *p.* F *omet* quendam. — *q.* cum G. — *r.* totius B. — *s.* D *omet* illum. — *t.* B *omet* omnis. — *u.* egit B. — *v.* B *donne* Erat autem... Antiochiam *ci-dessous après* territorii, *et utilise un E capital* (Et iam) *en marge.* — *w.* enim C. — *x.* B *ajoute* enim. — *y.* B *omet* versus Eufraten ; venit (versus A) D. — *z.* famosissimam B. — *a.* perveniamus B. — *b.* D *omet* unum. — *c.* B *omet* cum.

1. Pierre de Narbonne.
2. Le 5 novembre 1098.
3. Baudouin d'Édesse, frère de Geoffroy.

cum diu graviterque duraret, confortati adinvicem milites ducis, qui[d] et numerum .xii. apostolorum continerent, et dominum suum quasi vicarium Dei[e] haberent inperterriti agmina Turcorum invadunt. Contulit ibi Deus tantam victoriam duci, ut usque ad .xxx. ex eis occideret et totidem caperet, reliquosque persecutus[f] in paludibus et flumine quę vicinia erant alios necari, alios submergi coegit. Et sic cum magna victoria Antiochiam venit. Faciebat enim capita cesorum ab aliis Turcis vivis deferri, quod nostris satis iocundum fuit. Itaque cum omnes principes convenissent in ęcclesiam Beati Petri, de itinere nostro agere ceperunt. Tunc quidam qui castella et reditus in regione Antiochię habebant, dixerunt : Quid fiet de Antiochia ? Quis servabit eam ? Imperator non veniet. Etenim accepto nuntio quod Turci obsiderent nos, non confidens virtuti suę, neque[g] hominum multitudine quam secum habebat aut fugit[h]. An adhuc expectabimus eum ? Certe non veniet in auxilium nostrum, qui fratres nostros ad auxilium Dei et nostrum[i] venientes et[j] reverterentur (194) coegit. Et si dimittimus hanc civitatem et Turci occupent eam erunt ultima deteriora[k] prioribus. Sed omnes concedant eam Boimundo, quoniam ipse est sapiens et optime servabit eam, et nomen eius magnum est inter paganos. At comes[l] et alii econtra dicebant : Imperatori iuravimus super dominicam crucem et spineam coronam, et super multa alia sancta, quia[m] nec civitatem nec castellum de omnibus pertinentibus ad imperium eius retineremus[n] sine eius voluntate. Sic itaque[o] aliis contra dicentibus hoc modo et alio modo in tantam discordiam principes venerunt[p] ut pene ad arma venirent. Etenim dux et comes Flandrensis leviter de civitate Antiochię habebant. Propterea licet ut[q] de Boimundo vellent quod haberet eam, tamen non audebant ei eam[r] laudare, metuentes incurrere periurii infamiam. Hoc ergo modo de itinere et de aliis quę itineri et pauperibus usui forent differebatur. Hęc autem cum populus vidisset cepit dicere quisque[s] ad socium suum et ad vicinum[t] deinde

d. quod B. — *e.* Christi B ; F *omet* Dei. — *f.* reliquos B ; insecutus G. — g. et B. — *h.* aufugit BDEF. — *i.* B *omet* et nostrum. — *j.* ut BDEF. — *k.* peiora BD. — *l.* B *ajoute* Raimundus. — *m.* quod B. — *n.* reveremus F. — *o.* autem B. — *p.* venerunt principes nostri B. — *q.* B *omet* ut. — *r.* B *omet* eam. — *s.* unusquisque DEFG. — *t.* B *omet* et ad vicinum.

palam omnibus : quoniam principes vel propter timorem vel propter iuramenta quę imperatori fecerunt nos in Iherusalem ducere nolunt, eligamus de militibus[u] aliquem fortem, cui fideliter serviendo et tuti esse possimus, et si gratia Dei est eodem milite duce, in Iherusalem perveniamus. Eo[v] non sufficit principibus nostris quod hic per annum fuimus, et (194b) ducenta milia armatorum hic consumpta sunt ? Habeant qui volunt aurum habere[w] imperatoris, et qui volunt redditus Antiochię habere[x]. Nos autem Christo pro quo venimus duce, iter nostrum adgrediamur. Pereant male qui volunt habitare Antiochię sicut nuper habitatores eius perierunt. Quod si hęc tanta lis diutius propter Antiochiam datur, diruamus muros eius[1], et pax quę ante captam civitatem principes tenuit, destructa civitate eosdem tenebit. Alioquin antequam omnino fame et tedio hic deficiamus, ad propria reverti debemus. Is atque aliis de causis, discordem pacem comes et Boimundus inter se fecerunt. Igitur determinato[y] die, iubetur populus preparari ad devotum iter. Preparatis igitur necessariis die constituta[2] profectus est comes Sancti Egidii et[z] Flandrensis cum populo[a] in Syriam. Ibique Marram ditissimam civitatem et populosam obsederunt. Erat enim[b] Marra a Barra[c] .viii. miliaribus. Et erant cives Marre ita superbi, quia quodam tempore in quadam pugna multos de nostris occiderant, ut[d] exercitui nostro maledicerent[e], et principibus conviciarentur[f], et ut maxime nos provocarent, cruces super muros ponentes[g] multis iniuriis eas afficiebant. Hac itaque de causa secunda die[3] adventus nostri ita acriter eos[h] obpugnavimus, ut si quatuor scalas plus habuissemus, capta esset civitas. Sed quoniam non habuimus nisi duas, et illas easdem (195) breves et[i] fragiles et[j] timide super eas ascenderetur[k], consultum

u. DEF *ajoutent* nostris. — *v.* Heho B, Et non F. — *w.* B *omet* habere. — *x.* habeant B. — *y.* terminato B. — *z.* et comes B, comes cum F. — *a.* B *omet* cum populo. — *b.* autem B. — *c.* Barra longe B. — *d.* et BDEF. — *e.* maledicebant B. — *f.* B *omet* principibus *et écrit* conviciabantur. — *g.* portantes F. — *h.* F *omet* eos. — *i.* G *omet* breves et. — *j.* adeo ut timide B. — *k.* ascendere timebamus B.

1. Cette indication annonce le futur récit concernant Ma'arrat-an-Nu'mān, ci-dessous, p. 100.
2. Peut-être le 23 novembre.
3. Les Croisés attaquèrent Ma'arrat-an-Nu'mān les 28 et 29 novembre.

est ut fierent machine et crates, et aggeres quibus impelleretur murus et effoderetur, et quoequaretur[l]. Interea venit Boimundus cum exercitu suo, et obsedit eam ex alia parte. Rursus non comparatis armamentis quę supradiximus quasi pro[m] cohortatione Boimundi qui priori obpugnationi non adfuerat voluimus vallum compellendo[n] invadere murum. Sed hoc frustra fuit. Nam multo deterius quam antea tunc[o] pugnatum est. Post hęc tanta fames in exercitu fuit, ut quod dictu miserabile[p] est plus quam decem milia virorum per sata more pecudum ire videres fodiendo et investigando si forte aliqua grana frumenti vel ordei aut[q] fabę sive alicuius leguminis grana[r] reperirent. Interea licet compararentur quę supradiximus, ad obpugnandum machinę, tamen quidam de nostris videndo miseriam populi nostri et audaciam Sarracenorum desperantes de Dei misericordia aufugiebant. Sed Deus cui cura de famulis suis est, ulterius misereri populo suo non distulit, quem in ultimis tribulationibus positum vidit. Itaque per beatos apostolos suos[s] Petrum et Andream nobis mandavit[t], per quos et voluntatem eius sciremus[u], et voluntatem[v] eius erga nos gravem placari[w] possemus. Illi igitur in capellam comitis venientes[x] noctis medium, Petrum cui nuper lanceam ostenderant, excitaverunt. Tunc ille videns subito eos deformi veste et (195b) sordissima[1] indutos, scriniis ubi reliquię manebant assistere, pauperes aliquos eos[y] esse credidit, qui aliquid de tentorio subripere[z] vellent. Erat enim sanctus Andreas tunica indutus veteri, et ad humeros dirupta et in foramine sinistri humeri pannus insutus erat, in dextro nichil, et viliter calciatus erat[a]. Petrus tantum[b] camisia grossa et longa usque ad talos indutus erat. Tunc ait ad eos Petrus Bartolomeus : Qui estis domini, vel quid queritis[2] ? Et respondit beatus Petrus : Legati sumus Dei. Ego sum Petrus, et iste[c] Andreas. Sed volumus[d]

l. coequaretur CDEG. — *m.* quasi per B. — *n.* B *omet* vallum *et écrit* complendo. — *o.* G *omet* tunc. — *p.* miserabiliter B, mirabile D. — *q.* vel B. — *r.* B *omet* grana. — *s.* B *omet* suos. — *t.* G *écrit* man-(f. 113b) *et omet jusqu'à* non multum cara, p. 98. B *omet* et. — *u.* F *omet* sciremus... voluntatem eius. — *v.* iram B. — *w.* placare B. — *x.* B *ajoute* per. — *y.* B *omet* eos. — *z.* arripere E. — *a.* B *ajoute* Beatus vero. — *b.* B *omet* tantum ; tamen C. — *c.* B *ajoute* est. — *d.* voluimus B.

1. Zacharie 3, 3-5.
2. Les tropes et séquences de la Résurrection commençaient par le « Quem quaeritis ? ». *Tropaire-prosier*, p. 120.

tibi in hoc habitu apparere, ut cognoscas quantum proficit qui Deo devote servit. Hac in etate[1] et habitu quales nos vides ad Deum venimus et tales sumus. Et hoc dicto tales fuerunt ut nichil eis clarius, nichil pulchrius. Petrus vero qui hęc videbat subita claritate perterritus veluti mortuus in terram cecidit, et pre nimia angustia sudans natham[2] super quam ceciderat humefecit. Tunc elevavit eum beatus Petrus et dixit ei : Leviter cecidisti. Et ille respondit : Ita est domine. Et rursus beatus Petrus : Sic cadunt omnes qui in incredulitate vel transgressione mandatorum Dei sunt. Sed si peniteat eos de malefactis suis et ad Deum clament erigit eos Dominus, sicut ego te erexi, cum cecidisses. Et sicut sudor tuus ibi[e] super natam[f] remansit sic peccata ad se clamantium tollit Deus et (196) aufert. Dic michi quomodo se habet exercitus. Et respondit ille : Certe domine in magno timore famis, et tocius miserie sunt. Et tunc[g] beatus Petrus ait[h] : Et revera in magno timore esse posunt, qui Deum omnipotentem deseruerunt, nec periculorum de quibus eos eruit recordantur, ut aliquam gratiam ei reddant[i]. Etenim cum essetis[j] omnes victi et humiliati infra Antiochiam, quia[k] ad Deum clamastis[l] adeo ut nos qui in cęlo eramus omnes audiremus, exaudivit vos Dominus[m], et lanceam suam quasi pignus victorie[3] vobis optulit[n]. Deinde mirifice et gloriose de inimicis vestris qui vos obsederant triumphare fecit. Et nunc quo domino creditis[o] vos esse tutos, qui Deum graviter offendistis ? Poterunt vos montes excelsi vel antra[p] tueri ? Etenim si essetis in aliquo loco excelso et firmissimo, et habundaretis omnibus vitę necessariis, non tamen securi possetis esse cum

e. E *omet* ibi. — *f.* B *ajoute* cecidit et. — *g.* B *omet* tunc. — *h.* B *omet* ait. — *i.* referrent B. — *j.* illic essetis B ; cęteris DEF. — *k.* qui DEF. — *l.* B *ajoute* ad Dominum. — *m.* Deus F. — *n.* contulit B. — *o.* nunc quomodo creditis B. — *p.* ante F.

1. C'est le latin « status » influencé par sa modification dans la langue vulgaire. Schwan-Behrens, § 28.
2. C'est le latin « matta » influencé de même : Schwan-Behrens, § 179 R.
3. Tournure affectionnée par les écrivains ecclésiastiques (de même que d'autres combinaisons avec « pignus »). Ekkehard, dans Migne, *P. L.*, CLIV, 973, parle de la lance comme un « pignus victoriae ». *Surtees Society*, X, 129, et LIX, 40 ; *The Winchester Troper*, éd. Walter H. Frere, dans *HBS*, VIII, 61.

unicuique de vobis centum milia adversarii[q] imminerent. Inter vos cedes, et rapinę[r], et furta, nulla iusticia, et plurima adulteria, cum Deo placitum sit si uxores vos omnes ducatis. De iusticia vero sic precepit Dominus, ut quicumque pauperi violentiam intulerit, quicquid[s] in domo oppressoris est totum[t] publicetur. De decimis autem dicit Dominus[u] quod si reddatis eas quicquid necesse[v] fuerit, ipse[w] donare paratus est. Civitatem vero[x] istam pro misericordia sua et non pro benefactis[y] vestris donabit (196b) vobis, et quandocumque[z] vultis obpugnate eam quia sine dubio capietur. Cum autem hęc mane comiti nunciasset Petrus, convocavit populum episcopus Aurasicensis et Barrę et suprascripta illis exposuimus. Adducti igitur fideles in maximam[a] spem capiende civitatis, largissimas elemosinas[b], et orationes Deo Omnipotenti offerebant, ut plebem pauperum suorum pro solo nomine[c] liberaret. Fiunt itaque post hęc velociter scale et turris lignea extruitur, et crates iunguntur, et terminata die, pugna incipitur. At vero illi qui infra civitatem erant, in nostros qui murum subfodiebant[d] lapides cum tormentis et tela, et ignem, et ligna, et alvearia, cum apibus et calcem permixtim iaciebant. Sed Dei virtute et misericordia nullos vel paucos de nostris ista[e] ledebant. Nostri vero et[f] cum petrariis et scalis murum inperterriti adgrediebantur. Tenuit autem hęc pugna ab ortu solis usque ad occasum ita mirabiliter ut nulla unquam requies concederetur, et adhuc de victoria dubitabatur. Tandem exclamaverunt unanimiter omnes ad Dominum ut plebi suę propitius[1] fieret, et apostolorum suorum promissa adimpleret. Affuit ilico Dominus et civitatem secundum apostolorum dicta nobis donavit. Ascendit ante omnes Golferius de Turribus[2] quem[g] subsecuti sunt plures qui murum et quasdam

q. adversariorum B. — *r.* B *ajoute* sunt. — *s.* B *ajoute* est. — *t.* B *omet* est totum. — *u.* B *omet* Dominus. — *v.* B *ajoute* vobis. — *w.* B *omet* ipse. — *x.* enim F. — *y.* meretis B. — *z.* B *omet* et quandocumque... capietur. — *a.* magnam B. — *b.* E *ajoute* fecerunt. — *c.* suo B, nomine suo DEF. — *d.* fodiebant DEF. — *e.* ita F. — *f.* B *omet* et. — *g.* F *omet* quem.

1. Le latin « plebs » est utilisé par les Pères pour désigner le peuple de Dieu, les croyants. En liaison avec « propitius », voir : Luc 7, 16 ; *Sacramentarium Vetus*, dans Migne, *P. L.*, CLI, 843-844 ; *Collects*, *HBS*, 83, 111, 204.

2. Geoffroy de Lastours, le 11 décembre.

turres civitatis invaserunt. Et nox supervenit quę pugnam[h] (197) diremit. Retinebant adhuc Sarraceni quasdam turres, et partem civitatis. Ob hoc itaque sperantes milites quo[i] usque in mane se Sarraceni non dedissent, extra muros civitatis custodiebant ne aliquis subterfugeret. At vero hi quibus sua vita non multum cara fuerat, quos longua ieiunia in sui despectum deduxerant, per noctis tenebras inferre bella Saracenis non formidabant. Atque sic pauperes et spolia civitatis et domos habuerunt. Mane autem facto[1] ingressi milites[j] in[k] civitatem quę sibi tollerent pauca invenerunt. Sarraceni vero concluserant se in specus subterraneos et nullus vel pauci aparebant. Cumque nostri omnia quę super terram repererant sustulissent arbitrati omnia esse cum Sarracenis, igne et fumo sulphureo antra perquirebant, et quia non multa spolia ibi reperiebant, quos poterant invenire de Sarracenis donec ad mortem pro spoliis afficiebant. Contigit autem quibusdam de nostris ut cum Sarracenos pro spoliis per civitatem ducerent usque ad puteos Sarraceni nostros perducebant, atque se subito intus precipitabant, eligentes magis mortis compendium, quam sua vel aliqua demonstrare vellent. Quapropter omnes morti subiacuerunt, et proiecti sunt per paludes civitatis et extra muros. Sicque non multa spolia capta fuerunt in civitate. Interea orta est contentio inter homines Boimundi et comitis ob hoc quia cum (197b) milites Boimundi obpugnationi non multum institissent, plurimum turres, et domos et captivos obtinerent. Mirabile quoddam fecerat ibi Dominus[l]. Etenim cum ante captam Marram precepta[m] apostolorum Petri et Andreę sicut suprascriptum est ad populum exponeremus, irrisit nos Boimundus et socii eius. Itaque nec ipse nec qui cum eo fuerant[n] pugne profuerunt, sed pocius oberant. Et cum modo[o] plurima haberent spolia, quidam de familia comitis indigne ferebant. Tandem[p] inter ipsos dominos male conveniebatur[q], ob ea[r] quod comes volebat dare civitatem episcopo Albariensi, et Boimundus nolebat dimittere quasdam

h. superveniens pugnam B. — *i.* quod B. — *j.* F *omet* facto ; alii ingressi B ; B *omet* milites. — *k.* B *omet* in. — *l.* Deus F. — *m.* B *ajoute* sanctorum. — *n.* erant BDEF. — *o.* eo B. — *p.* Tamen B. — *q.* conveniebant B. — *r.* hoc B.

1. Le 12 décembre.

turres, quę se ei dederant, dicens nisi comes dimiserit michi turres Antiochię non ei consentiam in aliquo. Interea de itinere milites et populus querere ceperunt, quando placeret principibus ut inciperetur. Etenim licet ex longo tempore inceptum esset iter, tamen cotidie videbatur nobis incipere[s] cum iter ageremus, quia nondum fuerat completum. Dicebat Boimundus[1] quod usque in Pascha differretur, et tunc erat tempus dominicę nativitatis. Desperabant etiam multi eo quod pauci equi[t] essent in exercitu, et dux aberat, et multi de militibus abierant ad Balduinum de Roais[u]. Itaque multi revertebantur. Tandem convenerunt episcopus Albariensis et quidam nobiles cum populo pauperum, et comitem evocaverunt. Cumque episcopus predicationem (198) suam complesset procubuerunt milites et omnis populus ante comitem et cum multis lacrimis deprecabantur eum, ut ipse cui Dominus lanceam suam contulerat, ductor et dominus exercitus eiusdem fieret, addentes quod ob hoc lanceam dominicam promeruisset, ut si alii principes defecissent, ipse obnoxius tanto beneficio Domini securus cum populo pergere non formidaret, alioquin traderet lanceam populo, et iret populus in Iherusalem ipso domino duce. Dubitabat autem comes propter aliorum principum absentiam, metuens quod si[v] ipse solus diem itineris[w] terminaret, ob invidiam sui cęteri non issent. Quid multa ? Vincitur comes lacrimis pauperum, et diem quintum .x.^{mum} ad iter nominavit. Quamobrem indignatus Boimundus, diem .v.^{tum} aut .vi.^{tum} occlamare[x] itineri, per civitatem iussit. Et post hęc Antiochiam reversus est. Querebat comes cum episcopo civitatem retinere, quomodo posset[y] et quos et quantos viros pro custodia ibi dimittere possent. Interea mandavit comes ad ducem[z] Lotaringię, et ad alios qui Marre non interfuerant, ut congregarentur in unum locum, atque de his quę itineri utilia forent[a] pertractarent. Atque sic convenerunt apud Roiam[2], quę inter Antiochiam et Marram quasi media est. Ibique

s. incipi B. — *t.* F *omet* equi. — *u.* Roax B. — *v.* G *omet* si. — *w.* B *omet* itineris. — *x.* declamare F. — *y.* potuisset B. — *z.* F *omet* comes ; duci B (ad ducem A). — *a.* B *ajoute* et populo Dei.

1. A un conseil tenu le 29 décembre.
2. Le 4 janvier 1099.

habito colloquio omnes principes in deterius vertebatur. Etenim principes se ab itinere excusabant, et causa eorum multi alii. Volebat tamen comes duci donare[b] (198b) decem milia solidos[c], et Rotberto Normannie[d] totidem, et comiti Flandrensi sex milia, et Tancredo quinque milia, et aliis principibus prout erant. Inter hęc cum ad pauperes qui apud Marram remanserant, perventum esset quod comes in civitate Marre multos milites et pedites de exercitu pro custodia dimittere vellet, dixerunt adinvicem : Heho. Et propter Antiochiam lites[1] et propter Marram lites, et in omni loco quem Deus dederit nobis principum certamina, et inminutio exercitus Dei erit ? Certe propter hanc civitatem ulterius lites non dabuntur[e]. Sed[f] venite et diruamus muros[g] eius[2], et fiet pax[3] inter principes, et comiti securitas, ne perdat eam. Surgentes itaque debiles et infirmi de cubilibus[4] suis innixi baculis ad muros usque perveniebant, et illos lapides quos vix .iii. vel. iiii. paria boum trahere possent facile quidam famelicus revolutos a muro longe proiciebat. Episcopus vero Albariensis causando et interdicendo nec ullo[h] modo fieret circuibat civitatem et pariter comitis familiares. Cum autem pertransissent custodes isti[i], statim revertebantur ad inceptum opus qui se occultaverant, et qui declinaverant[j] ad adventum episcopi et sociorum eius. Et qui non aude-

b. dare DEF. — *c*. solidorum B. — *d*. B *ajoute* comiti. — *e*. habebuntur B. — *f*. B *omet* sed. — *g*. DEF *ajoutent* civitatis. — *h*. ne DEF ; ne hoc ullo B. — *i*. illi B. — *j*. G *omet* et qui declinaverant.

1. *Ép. saint Jacques*, 4, 1. Dans la terminologie ecclésiastique, « lites » est associé avec le péché : Britt, *Hymns*, p. 83.

2. La dizaine de lignes qui suivent, avec leur sens moral, et l'indication ultérieure de Raymond, avec laquelle s'accorde Foucher, que le comte brûla la cité à son départ, suggèrent une source ecclésiastique. Il est très probable que le comte fit un exemple à Ma'arrat-an-Nu'mān pour effrayer les habitants de la région, et décourager la résistance. Les grosses pierres sont associées avec le péché, la haute cité sera foulée aux pieds par les pauvres, les murailles représentent les défenses des ennemis de Dieu, et ces défenses tomberont devant les enseignements de l'Église : Isaïe 26, 5-6 ; Ézéchiel 38, 20 ; Raban Maur, *Sur Ézéchiel*, dans Migne, *P. L.*, CX, 872.

3. « Fiat pax » se trouve comme verset de l'Ordinaire à Laudes et Vêpres.

4. Expression associée aux heures matinales de l'Office. *Surtees Society*, X, 37, et XXIII, 14.

bant per diem diruere, vel non poterant alias[k] intenti per noctem instabant. Vix erat aliquis de populo debilis vel[l] infirmus ad confringendum murum. Interea tanta fames in exercitu fuit, ut multa corpora (199) Sarracenorum iam fętentium, quę in paludibus civitatis eiusdem .ii.as et amplius ebdomadas[m] iacuerant, populus avidissime comederet[1]. Terrebant ista multos tam nostrę gentis homines quam extraneos. Revertebantur ob ea nostri quam plures desperantes de itinere sine succursu de gente Francorum. Sarraceni vero et Turci econtra dicebant : Et quis poterit sustinere hanc gentem quę tam obstinata atque crudelis est, ut per annum non poterit revocari ab obsidione Antiochię, fame, vel gladio, vel aliquibus periculis, et nunc carnibus humanis vescitur ? Hęc et alia crudelissima sibi in nobis dicebant esse pagani. Etenim dederat Deus timorem nostrum cunctis gentibus[2] sed nos nesciebamus. Interea comes a colloquio principum reversus[n] Marram, graviter irascebatur de destructione muri contra populum. Cumque expositum esset ei quod neque episcopus neque alii principes sui possent, amovere minis, vel verberibus populum a murorum[o] destructione, intellexit ilico divinum esse, et ut funditus murum diruerent precepit. Interim ingravescebat cotidie fames. Cumque iam[p] dies proposita itineri instaret, predicabamus[q] elemosinas et orationes in populum[r] ad Deum pro itinere. Cum vero vidisset comes[s] quod nulli de principibus maioribus ad se venirent, et[t] omnem populum fere[u] contabescere cerneret, in interiora ispanię pro victualibus populum ire precepit et ipse cum militibus precederet[v] eum. Sed hoc non erat gratum quibusdam (199b) de[w] suis privatis. Dicebant enim : In exercitu vix sunt trescentum[x] milites, et aliorum armatorum non est grandis numerus, et alii ibunt in expeditionem, atque alii hic erunt infra civitatem[y] destructam, quę sine munimine

k. aliis B. — *l.* et G. — *m.* per duas ebdomadas et amplius B. — *n.* regressus B. — *o.* muri B. — *p.* DEF *omettent* iam. — *q.* predicamus F. — *r.* fieri in populo B. — *s.* F *omet* comes. — *t.* DEF *omettent* et. — *u.* DEF *ajoutent* et. — *v.* precessit B. — *w.* B *omet* de. — *x.* trecenti BDEF. — *y.* B *ajoute* hanc.

1. Le cannibalisme des Croisés est mentionné, en liaison avec le siège d'Antioche, par *La Chanson d'Antioche*, éd. Paulin Paris, Paris, 1848, II, 5-6.
2. Jérémie 25, 15, 17 ; 29, 18 ; 30, 11 ; 46, 28.

est, et intendebant comiti nimiam levitatem. Ad ultimum tamen pro causa comes profectus[z] pauperum, castella multa obtinuit, et captivos et maximam predam cępit. Cumque reverteretur cum grandi exultatione et victoria pluribus Sarracenorum interfectis .vi. vel .vii. de nostris pauperibus, a paganis capti et interfecti sunt. Hi[a] autem omnes defuncti cruces in dextris habuerunt humeris.[1] Hęc autem cum comes et qui cum eo erant vidissent omnipotenti Deo gratias quantas poterant faciebant[b], qui pauperum suorum memor erat. Et ob hoc maxime confortabantur. Itaque ut omnibus qui ad sarcinas apud Marram remanserant, satisfacerent, unum de interfectis qui adhuc spirabat detulerunt. Et mirum certe in homine illo vidimus, qui cum vix haberet integrum ubi latere posset anima, per vii, aut .viii[c]. dies sine victu permansit, testificans Ihesum ad cuius iudicium venturus erat sine dubio, crucis illius Deum fuisse auctorem. Igitur provencu rerum et crucis confortati, in castro quoddam quod vocabatur Cafarta[d][2] et erat[e] itinere longe a Marra .iiii. leugis, spolia sua dimiserunt atque illi qui socios habebant Marre cum comite eo[f] reversi sunt. Constituta itaque (200) die et incensa civitate proficiscebantur[3]. Sed comes cum clericis suis et episcopo Albariensi discalciatus incedebat, invocantes Dei misericordiam et sanctorum presidia. Et consecutus[g] est nos Tancredus cum .xl. militibus et peditibus multis[h]. Cumque hoc audissent reges de terra illa Arabum nobiles cum supplicationibus et multis donariis[i] ad comites mittebant[j] nunc et deinceps tributarii eorum futuri, et allaturi victualia gratis et pro commercio. Itaque acceptis securitatibus ab eis per iusiurandum et vadibus pro conductu, ulterius tendebamus[k]. Habuimus autem

z. B *ajoute* est, *et écrit* pauperum *après* causa. — *a.* Hii B. — *b.* reddebant B. — *c.* vi aut viii D, aut per viii E. — *d.* qui B ; vocatur F ; Capharta B, Cafarda DEF. — *e.* B *ajoute* in. — *f.* B *omet* eo, illo E. — *g.* et cum secutus F. — *h.* DEG *ajoutent* et Rotbertus Normannie comes cum lx militibus et peditibus multis. — *i.* denariis B. — j. B *ajoute* dicentes se. — *k.* tendemus D.

1. Voir *Livre II des Maccabées*, 12, 39-42, pour l'inverse de ce récit, lorsque des signes interdits par la loi juive furent trouvés sous les tuniques des tués.
2. Kafartāb.
3. Le 13 janvier 1099.

a rege Cesarię[1] duces qui nos in prima die[2] ut[l] nobis videbatur male duxerunt[m]. Fuimus enim in ospitio illo in penuria tocius boni preter aquę. Secunda vero die idem duces inprudenter induxerunt nos in quandam vallem ubi armenta regis et tocius regionis propter timorem nostrum confugerant. Et tunc rex longe ante nos venturos ibi[n] sciebat ut et[o] fugerent ante nos omnibus Sarracenis suis[p] mandaverat. Sed si iussisset ut omnes de regione illa obviam nobis venirent, non ita factum esset. Raimundus de Insula et socii eius unum Sarracenum ea die ceperunt cum litteris regis quas deferebat ad omnes de regione illa ut fugerent ante nos. Cumque hęc regi cognita fuissent, dixit : Ego quidem iusseram hominibus meis ut[q] ante faciem Francorum quantum possent fu-(200b)-gerent, et[r] ipsi ad eos venerunt. Video quia Deus hanc gentem elegit[3], propterea quodlibet faciant non eis nocebo. Tunc Deum ipse rex[s] benedicebat[t], qui sufficienter providet necessaria timentibus se. Videntes autem tam subitam[u] ac talem plenitudinem nostri milites, [et multi][v] de plebe viri fortes, assumptis omnibus peccuniis suis, Cesaream et Camelam[4] adibant, ut equos farios ibi mercarentur. Dicentes, quoniam de[w] victu nostro Deus curam agit, nos de pauperibus et de militia eius curemus. Sicque factum est, ut usque mille optimos dextrarios haberemus. Convalescebant cotidie pauperes, confortabantur cotidie milites, et sic cotidie[x] exercitus multiplicari videbatur, et[y] quanto ulterius progrediebamur, tanto ampliora beneficia nobis Deus providebat. Et licet[z] omnia sufficienter nobis provenirent, tamen quidam comitem ad hoc inclinaverunt, ut quasi causa Gibelli[a] quę est civitas in maritimis deviare paulisper vellet[5]. Sed Tancredus atque multi alii viri[b]

l. in F. — *m.* conduxerunt G. — *n.* B *écrit* ibi *après* nos. — *o.* DEFG *omettent* et. — *p.* B *omet* suis. — *q.* F *omet* ut. — *r.* DEF *omettent* et. — *s.* F *omet* rex. — *t.* benedicat F. — *u.* subdicam D. — *v.* AC *écrivent* timulti, BDEFG et multi. — *w.* quod de C. — *x.* F *omet* pauperes... cotidie. — *y.* multiplicabatur et quanto B. — *z.* B *ajoute* inter. — *a.* Zibelli B. — *b.* aliique multi viri B ; E *omet* multi.

1. L'émir de Shaizar.
2. Le 17 janvier.
3. Ps. 32, 12.
4. Shaizar et Homs.
5. Voir notre *Raymond IV de Saint-Gilles*, pp. 98 suiv., pour une appréciation de ce renseignement. La géographie et l'information de Raymond sur l'itinéraire sont assez pauvres au sud d'Antioche.

boni et fortes ne hoc ullo modo fieret, effecerunt[c], dicentes : Deus visitavit plebem pauperum et nos, et[d] declinare ab itinere debemus ? Sufficiant nobis preteriti labores apud Antiochiam belli et frigoris et inedię, denique et tocius miserię. Numquid nos soli totum mundum expugnabimus ? et habitatores mundi omnes[e] interficiemus ? Ecce de centum milibus equitum, vix milites mille[f] habemus. Et de ducentis milibus peditum armatorum et amplius modo non sunt in exercitu nostro (201) quinque milia armati et expectabimus donec omnes consumamur ? Numquid ideo venient[g] de terra nostra quia audient captam[h] esse Antiochiam, et Gibellum[i] atque reliquas civitates Sarracenorum[j] ? Sed eamus in Iherusalem pro qua venimus et revera Deus donabit[k] nobis eam. Et tunc solo timore eorum qui venient de terra nostra, et de aliis terris. Hec civitates Gibellum, et Tripolim[l], et Sur, et Accaron[1], quę sunt in itinere nostro, ab incolis relinquentur[m]. Sic itaque cum anterius progrederemur, quidam Turci et Arabes exercitum sequebantur et pauperes qui pro debilitate sua longe post exercitum remanebant interficiebant et spoliabant. Cumque hoc semel et secundo fecissent alia die remansit comes in occultis donec omnis[n] exercitus pertransiret[o], hostes vero inpunitate cędis et spe rapinę exercitum nostrum more solito insequebantur. Sed cum iam preterissent insidias, egressi milites[p] nostri de occultis cum comite agmina hostium invadunt. Conturbant et confundunt, atque eos[q] interficiunt, et equos eorum obtimos cum grandi exultatione ad exercitum deduxerunt. Et post hęc nulli hostes exercitum nostrum[r] assequebantur, quoniam comes cum armata multitudine militum, post omnes debiles ibat. Alii autem milites armati cum comite Normannię et Tancredo et episcopo Albariensi precedebant frequenter exercitum, ne vel a tergo vel a fronte inprovisi hostes nos conturbarent. Etenim comes quia paucos milites secum habebat cum (201b) a Marra proficisceretur, rogavit episcopum ut posito presidio Barre ipse

c. defecerunt B. — *d.* B *omet* et. — *e.* DEFG *omettent* omnes. — *f.* vix mille equites E. — *g.* B *ajoute* alii. — *h.* B *omet* captam. — *i.* Zibellum B. — *j.* B *ajoute* nostras. — *k.* dabit B. — *l.* civitatis scilicet Zimel et Tripolis B ; Tripolis DEFG. — *m.* delinquentur D. — *n.* E *omet* omnis. — *o.* pertransit B. — *p.* B *omet* milites. — *q.* ipsos B. — *r.* B *omet* nostrum.

1. Tripoli, Tyr et Acre.

veniret secum. Quod episcopus audiens quendam militem suum nomine Guillelmum[s] Petri de Cuniliaco ibi dimisit, cum militibus septem, et peditibus .xxx. virum fidelem ac Deo devotum qui res episcopi auxit, adiutore Deo in decuplum brevi tempore, et homines[t] habuit, pro .xxx. septuaginta, et equites .lx. et[u] amplius. Consultum est eo tempore de itinere nostro ut dimitteremus viam quę ducebat Damascum, et diverteremus ad maritimam. Quoniam si nostrę naves quas in portu Antiochię reliqueramus[v] ad nos venirent, haberemus commercia cum his de insula Cypri, et reliquarum insularum. Cumque consultum[w] iter ageremus relinquebant civitates, et castra[x], et villas plenas[y] omnibus bonis et[z] habitatores terrę. Itaque circinatis magnis montanis cum in vallem quandam obpulentissimam venissemus, rustici quidam multitudine sua et castri sui munitione superbi, neque ad nos mittere pro pace, neque relinquere castrum suum voluerunt[a], sed insuper armigeris nostris, et peditibus qui inermes erant, et per villas discurrebant, pro victualibus incurrerunt, et quibusdam interfectis spolia intra castellum suum miserunt. Indignati igitur[b] nostri, ad castellum[1] usque perveniunt. Rustici autem obviam nobis usque ad pedem montis in quo castellum erat venire[c] dubitaverunt. Tunc nostri accepto consilio ordines peditum, et militum constituerunt, et (202) sic a tribus partibus per altitudinem montis ascendentes agmina rusticorum fugere compulerunt. Erant enim circiter .xxx. milia Sarraceni et castellum ipsorum erat in descensu cuiusdam maximi montis. Et propterea cum volebant refugiebant ad castellum. Et alii in superiorem montem[d], et sic aliquantulum nobis resistebant. Tandem exclamavimus signum solitum in necessitatibus nostris Deus adiuva, Deus adiuva, et inimici nostri ita turbati[e] sunt ut usque ad centum solo timore et impetu sociorum suorum sine vulneribus in ingressu castelli mortui remanerent. Erat autem maxima preda boum et equorum et ovium extra castellum ubi

s. Wilelmum DEF. — *t.* B *ajoute* pedites. — *u.* G *ajoute* eo. — *v.* relinquamus D, relinqueramus G. — *w.* Cumque ut consultum est B. — *x.* castella G. — *y.* planas C. — *z.* B *omet* et. — *a.* volebant B. — *b.* itaque B. — *c.* B *ajoute* non. — *d.* superiori montis parte B. — *e.* conturbati DEF.

1. Hisn al-Akrād.

populus noster occupabatur[f]. Dumque comes cum quibusdam militibus bello intenderet pauperes nostri accepta preda unus post alium redire ceperunt, deinde pedites pauperes[g] viam tenebant. Post eos[h], milites plebei. Erant autem[i] tentoria nostra longe a castello quasi decem miliaribus. Interea comes milites et populum hospitari iubebat. Videntes autem Sarraceni qui ad superiorem montem conscenderant[j], et hi qui in castello erant quod maxima pars nostrorum discesserat ventilare adinvicem ceperunt, ut coniungerentur. Comes vero dum hęc[k] negligit, pene se derelictum a militibus suis repperit. Erat enim[l] collis in quo castellum erat multum arduus et lapideus et ardua semita, per quam unus equus post alium vix ire poterat. Hac itaque (202b) difficultate comprehensus comes quasi versus illos qui de superiori monte descendebant[m], pergere cum sociis cepit, quasi pugnaturus. Sarraceni[n] primo paululum ad adventum comitis[o] dubitaverunt. Tunc nostri verso itinere in vallem quasi securi tendebant. Videntes Sarraceni se frustatos, et nostros secure descendere, et hi de castello, et hi de montibus pariter nostris incurrunt[p]. Coacti itaque nostri, alii ab equis suis descenderunt, alii se precipites per abrupta dederunt, et sic cum maximo periculo mortem evaserunt. Quidam vero viriliter pugnando mortui sunt. Hoc unum certum didicimus[q], quod numquam fuit in maiori periculo vitę suę comes. Itaque iratus sibi et suis reversus ad exercitum consilium convocat, et questus multum, quod sine licentia milites[r] redissent, et se in periculo mortis reliquissent. Promiserunt[s] omnes se numquam a castelli oppugnatione discessuros donec funditus per Dei gratiam eversum sit[t]. Sed Deus qui eos conducebat, ne in quibuslibet vilibus impedirentur, ita terruit castellanos per noctem ut nec interfectos suos sepulture tradidissent, dum precipites in fugam ferebantur. Mane autem facto cum venissemus ibi, spolia tantum et castrum vacuum ab[u] hominibus invenimus[1]. Erant[v] eo tempore

f. occupatur G. — *g.* B *omet* pauperes. — *h.* Postea B. — *i.* B *omet* autem. — *j.* ascenderant B. — *k.* hoc E. — *l.* B *omet* enim. — *m.* descenderant B. — *n.* qui B. — *o.* B *ajoute* non. — *p.* incurrerunt DEF. — *q.* scimus B. — *r.* convocavit et conquestus est multum de militibus quod sine licencia B. — *s.* Tunc promiserunt B. — *t.* esset B. — *u.* DEFG *omettent* ab. — *v.* B *ajoute* autem.

1. Les Croisés demeurèrent ici environ deux semaines, et, selon les

nobiscum legati et de amirato[w] Camelę[x] et a rege Tripolis[1]. Hi cum vidissent[y] audatiam et fortitudinem nostram licentia[z] a comite deprecabantur, dicentes (203) se quam citissime reversuros. Dimissi itaque legati[a] illi cum nostris, brevi tempore cum magnis muneribus et multis equis reversi sunt. Terruerat enim totam illam regionem castelli expugnatio[b], quoniam numquam ante ab aliquibus potuit expugnari. Propterea illius incolę regionis, cum multis supplicationibus et muneribus ad comitem mittebant, precantes ut dum civitates et castella eorum recipi faceret, interim signa et sigilla sua eis dirigeret. Etenim mos erat in exercitu, ut si signum[c] alicuius Franci in civitate aut[d] castello reperiretur, a nullo postea expugnabatur[e]. Quare rex Tripolis[2] signa comitis in castellis suis posuit. Erat eo tempore tantum nomen comitis, ut nullius umquam nomini priorum inpar esse videretur. Cumque milites nostri qui allegati Tripolim fuerant, regias opes et ditissima regna, et populosam civitatem vidissent, comitem[f] persuaserunt, ut castellum Archados[3] munitissimum et inexpugnabile viribus humanis obsideret habiturus post quartum vel quintum diem a rege Tripolis quantum auri et argenti desideraret. Itaque obsedimus pro voluntate eorum castellum. Ubi tantos labores passi sunt viri fortes, ut nusquam[g] amplius. Propterea[h] tantos ac tales milites[i] perdidimus, quod relatu gravissimum est. Interfectus est ibi[j] Pontius de Baladuno cum lapide de petraria, cuius ago precibus ad omnes ortodoxos, et maxime ad transalpinos, et ad te reverende presul Vivariensis, (203b) hoc opus cui scribere curavi. Nunc autem quod reliquum est, Deo inspirante, qui hęc omnia fecit, eadem caritate[k] qua incepi perficere curabo. Oro igitur et obsecro omnes qui hęc audituri sunt, ut credant hęc ita fuisse. Quod si

w. legati de amirato DEFG ; ab ammirato B. — *x*. B *ajoute* rege Babilonis. — *y*. audissent DEFG. — *z*. licentiam BDEF. — *a*. B *omet* legati. — *b*. obpugnatio B, opugnatio F. — *c*. G *omet* signum. — *d*. DEF *ajoutent* in. — *e*. obpugnabatur B, expugnaretur DEF. — *f*. comiti BDEF. — *g*. numquam F. — *h*. Preterea B. — *i*. BDEF *ajoutent* ibi. — *j*. B *ajoute* Domnus. — *k*. ilaritate B.

Gesta, p. 182, y célébrèrent le fête de la Purification de la Vierge, 2 février 1099.

1. L'atabeg de Homs et l'émir de Tripoli, reçus peut-être le 4 février.
2. Ibn-'Ammār.
3. 'Arqah, assiégé du 14 février au 13 mai.

quicquam ego preter credita et visa studio[l], vel odio alicuius aposui, aponat michi Deus omnes plagas inferni, et deleat[1] me de libro vitę. Etenim licet ut[m] plurima ignorem, hoc unum scio quia cum promotus ad sacerdotium in itinere Dei sim, magis debeo obedire Deo testificando veritatem, quam in texendo mendatia, alicuius muneris captare dispendia[n]. Sed quia secundum apostolum caritas[2] numquam excidit eadem caritate agere volo[o] auxilietur michi Deus. Cumque in hac obsidione aliquam moram fecissemus, venerunt ad nos naves nostrę ab Antiochia, et Laodicia, et multę alię naves Veneticorum et Grecorum cum frumento, vino[p], et ordeo, et carne porcina, et aliis venalibus. Sed quia hoc castrum a mari aberat per miliarium, nec in portu poterant esse naves, revertebantur nautę Laodicię ad[q] portum et ad portum Tortosę[3]. Hanc Tortosam enim civitatem valde firmissimam, muris et antemuralibus[r] extructam, et refertam pluribus[s] bonis, eius cives Sarraceni, pro[t] solo timore nostri exercitus reliquerunt. Etenim tantum effecerat Deus timorem nostrum in Sarracenos et Arabes illius regionis, ut nos omnia credere possent[u], et quę poteramus velle[v] extermina-(204)-re. Sed hoc ante obsidionem Archados. Hanc autem obsidionem quia maxime pro aliis contra iusticiam quam pro[w] Deo posuimus, noluit promovere eam Deus, sed omnia adversa nobis ibi[x] tribuit. Et erat mirum, quia[y] cum ad alia bella, et assultus omnes promti et parati essent, ad hoc segnes et inutiles inveniebantur. Si qui vero ferventes spiritu agere vellent aliquid, vel ipsi vulnerabantur, vel quod inceperant frustra eveniebat.

17.[4] Migravit[z] ibi[a] gloriosę Anselmus de Riberimonte[b5]. Ete-

l. B *ajoute* referre. — *m.* B *ajoute* alia. — *n.* B *ajoute :* Obiit karissimus meus in Domino Pontius de Baladuno sicut iam dictum est apud castrum Archados. — *o.* hoc opus agere volo ut B ; caritate qua D. — *p.* DEF *ajoutent :* et oleo. — *q.* B *omet* ad. —*r.* B *ajoute* et. — *s.* omnibus B. — *t.* B *omet* pro. — *u.* crederunt posse B. — *v.* Valde F. — *w.* G *omet* pro. — *x.* B *omet* ibi. — *y.* B *omet* quia. — *z.* A *utilise M capital, haut de trois lignes (brun foncé, rouge, or, bleu et vert). La rubrique est xvii (minuscule romaine).* C *utilise une capitale ; les autres manuscrits ignorent la division.* *a.* Igitur E. — *b.* Ripamundi B, Riberimundi DEF.

1. Ps. 68, 29 ; Exode 32, 32.
2. *Ép. I Corinthiens*, 13, 8.
3. Latakia et Tortosa. Raymond ne parle pas de la prise de Tortosa par Raymond de Turenne et Raymond Pelet, le 14 février.
4. Ce chapitre, numéroté xxiiii (folio 4), est intitulé : « Ubi Anselmus

(fin de la note 4 et note 5 page suivante)

nim cum mane surrexisset, vocavit ad se sacerdotes, et de neglegentiis et peccatis suis confessus, misericordiam a Deo et ab ipsis deprecabatur, denuntians eis imminere sibi[c] vitę suę finem. Cumque ammirarentur de hoc quod[d] sanum et incolumen eum videbant, dixit eis : Nolite mirari, sed audite me pocius. Hac nocte vidi domnum Engelrandum[e] de Sancto Paulo, qui apud Marram interfectus est. Non insomnis quidem[f], sed vigilanter. Et dixi[g] ad eum : Quid est hoc ? quia vos mortuus eratis, et ecce nunc[h] vivitis ? Et ille respondit : Equidem non moriuntur illi, qui in Christi servicio vitam finiunt. Cum vero rursus quererem ab eodem de pulchritudine eius quę nimia erat, unde accidisset ei, respondit michi : Non debes mirari super pulchritudine mea[i], cum in tam pulchram domum habitem[j]. Et continuo ostendit michi domum quandam in celo ita pulchram, ut nichil pulchrius ego crederem. Cumque ego[k] obstupescerem ad splendorem domus illius, dixit michi : Multo tibi pulchrior prepa-(204b)-ratur usque in crastinum. Et his dictis sublatus est. Contigit autem eodem[l] die cum hęc pluribus enarrasset[m] Anselmus, ut ad pugnam progrederetur contra Sarracenos, qui de castello latenter egressi usque ad tentoria nostra venire volebant[n], ut aliquid inde subriperent, vel alicui nocerent. Sed cum hęc pugna invaluisset ex utraque parte et Anselmus viriliter resisteret de lapide tormenti in capite percussus est. Atque sic, ad locum sibi a Deo paratum[o] migravit ad[p] hoc seculo. Venit hic ad nos legatus quidam a rege Babylonis[1], et remiserat ad nos legatos nostros cum ipso, quos tenuerat captos per annum. Dubitaverat enim an faceret nobiscum amiciciam, an cum Turcis. Volebamus nos in hoc convenire cum eo. Si faceret nobis auxilium a[q] Ierusalem, vel[r] redderet nobis Iherusalem, cum

c. B *omet* sibi. — *d.* quia BDEF. — *e.* Elgelrannum B, Engalrandum C. — *f.* B *omet* quidem. — *g.* dixit DF. — *h.* B *omet* nunc. — *i.* pulchritudinem meam DEF. — *j.* habito B. — *k.* B *omet* ego. — *l.* eo BDEF. — *m.* B *ajoute* ideo. — *n.* solebant B. — *o.* preparatum B. — *p.* ab BCDEFG. — *q.* de B, ad DEF. — *r.* B *ajoute* si.

de Riberimonte obiit ». Deux autres têtes de chapitre, « Ubi veniunt Albaram et Maram et obtinuerunt eas », et « Ubi veniunt ad opidum Archados », n'ont pas été respectées.

5. Anselme de Ribémont.

1. L'ambassade fatimide d'al-Malik al-Afdal, vizir du Caire.

pertinenciis suis, redderemus nos ei omnes civitates suas quas Turci ei abstulerant cum caperemus eas. Alias autem civitates Turcorum, quę de regno eius non fuerunt, si cum auxilio eius[s] caperentur, inter nos[t] partiremur. Turci vero ut nobis relatum est, volebant hoc facere illi, si veniret, cum ipsis[u] contra nos in prelium colerent alim[v] quem ipse colit, qui est de genere Mahumet[w], et acciperent monetam eius, et remitterent tributa quedam et multa alia facerent ei, quę nos non[x] satis novimus[y]. Sciebat de nobis quia[z] pauci eramus. Sciebat quod imperator Alexius usque ad mortem nobis inimicabatur. Unde nos litteras imperatoris Alexii de nobis factas invenimus confecto bello cum[a] rege Babyloniorum apud Aschalonam[1] in (205) tentoriis[b] eiusdem regis. His itaque[c] aliisque de causis amiraius[d] detinuit legatos nostros per annum captos infra Babyloniam. Modo vero cum audisset quod terram suam ingressi, villas et agros, et universa[e] vastaremus, mandavit nobis ut sine armis .cc. vel .ccc. iremus Iherosolimam, et adorato Domino reverteremur. Sed nos irrisimus hęc[f], sperantes de Dei misericordia, nunciantesque[g] quod nisi gratis redderet Iherusalem nobis, Babyloniam calumpniarentur ei. Habebat enim amiraius eo tempore Iherusalem. Etenim cum audisset quod Turci essent a nobis superati apud Antiochiam, venit ad obpugnandum Iherusalem. Sciens quod Turci a nobis tociens fusi atque fugati, non occurrerent sibi in prelium. Tandem datis maximis muneribus his qui eam defendebant, recepit civitatem Iherusalem. Et obtulit candelas et incensa ad sepulchrum Domini et in calvario monte. Sed iam ad obsidionem redeamus. Dum enim[h] ut diximus exercitus noster multum laboraret in obpugnatione Archados, nunciatum est nobis, quod papa Turcorum[2] veniret contra nos in prelium, et quia erat de genere Mahummet, sequebantur[i] eum gentes sine

s. illis B ; F *omet* eius. — *t.* B *omet* inter nos. — *u.* B *omet* cum ipsis. — *v.* et colerent B, colerentque DEF ; alium BE. — *w.* Bahumeth B *passim.* — *x.* ego B (A nos) ; F *omet* non. — *y.* novi B. — *z.* quod B. — *a.* B *ajoute* eodem. — *b.* tentorio B. — *c.* atque aliis B ; et aliis DEF. — *d.* ammiratus BDEF. — *e.* B *omet* et universa. — *f.* hoc B. — *g.* minantes B, minantesque DEF. — *h.* BDEF *omettent* enim. — *i.* sequerentur B.

1. La bataille d'Ascalon, 12 août.
2. Le calife de Bagdad.

numero. Igitur mandatum est[j] per exercitum ut omnes prepararent[k] se[l] ad pugnam. Et episcopum Albare[m] miserunt ad ducem, et ad Flandrensem comitem qui Gibellum[n][1] obsederant quę[o] est castrum supra mare, quasi loco medio, inter Antiochiam et castrum Archados, longe ab utroque duobus diebus[p]. Ille vero accepto nuncio de bello, relicta obsidione ad nos celeriter venerunt. Interim inventum est falsum, et quod Sarraceni illud com-(205b)-posuerant ut nobis taliter deterritis, aliquantulum respirare possent obsessi. Coniunctis itaque exercitibus nostris[q] ceperunt ostendere illi de parte comitis equos farios, et divitias suas, quas dederat illis Deus in regionibus Sarracenorum, eo quod pro Deo se morti exposuissent. At alii paupertatem suam pretendebant. Predicatum est vero[r] eo tempore ut daret populus decimas de omnibus quę cepisset, quoniam multi pauperes erant in exercitu, et multi infirmi. Et mandatum est ut quartam partem redderent sacerdotibus suis, ad quorum missas veniebant, et quartam episcopis, reliquas vero duas Petro Heremittę, quem prefecerant pauperibus de clero et populo. Ideoque duas partes accipiebat, videlicet unam pro his qui de clero erant, et alteram pro his de populo. Multiplicabat ideo Deus exercitum nostrum adeo[s] in equis, et mulis, et camelis[t], et aliis vitę necessariis, ut nobis ipsis in mirum ac[u] in stuporem fieret. Orta est itaque ex rerum oppulentia contentio atque superbia inter principes, adeo ut illi qui Deum intime[v] diligebant, rerum inopiam atque bella[w] formidolosa nobis imminere preobtarent. Volebat nobis dare rex Tripolis .xv. milia aureos[x] sarracenę monete. Preterea[y] equos et mulas, et vestes multas, et tributa, deinceps singulis annis multo his ampliora[z]. Valebat[a] quippe unus aureus eo tempore[b] .viii. vel .viiii. solidos monete nostri exercitus. Erat hęc nostra moneta pictavini, cartenses, manses, luccenses, valanzani,

j. nobis B (per exercitum A). — *k*. ut nos preparemus B. — *l*. B *omet* se. — *m*. Albariensem B, Albarie DEF. — *n*. Zibellum B. — *o*. quod B. — *p*. F *omet* diebus. — *q*. B *omet* nostris. — *r*. BDEF *omet* vero. — *s*. itaque B. — *t*. F *omet* et camelis. — *u*. B *omet* ipsis ; murum F ; et BDEF. — *v*. minime DEF. — *w*. F *omet* bella. — *x*. aureorum B. — *y*. Propterea EF. — *z*. B *ajoute* si non expugnaretur a nobis. — *a*. volebat F. — *b*. B *omet* eo tempore.

1. Jabala.

melgorienses[c], et duo pogesi[d1] pro uno istorum. Ille vero[e] dominus Gibelli[f] (206) metuens ne rursus obpugnaretur, misit ad nostros principes .v. milia aureos, et equos, et mulas, et multum vinum. Tunc annonam[g] sufficienter habebamus. Et non[h] solum isti, sed de multis civitatibus et castellis munera nobis mittebant. Baptizabantur etiam aliqui Sarracenorum timore et zelo nostrę legis, anatematizantes Mahummet et progeniem eius omnem. Ob hoc itaque mittebant quisque de principibus nostris[i] ad civitates Sarracenorum legatos cum litteris, denuncians se[j], dominum tocius exercitus. Sic itaque agebant eo tempore nostri principes. Et maxime Tancredus rem conturbabat qui cum accepisset a comite Raimundo[k] .v. milia solidorum et duos[l] farios obtimos, eo pacto[m] ut in servicio eius esset usque in Iherusalem. Volebat modo discedere, et esse cum duce Lotharingię. Et ob hoc multę lites habite sunt. Tandem satis[n] male discessit a comite[o]. Multe revelationes eo tempore nobis denunciate sunt, quę nobis a Deo mandabantur. Quarum una hęc est, quę sub nomine ipsius scripta est, qui eam vidit.

18[2]. ANNO[p] ab incarnatione Domini[q] .m°. xc°. viiii°., indictione .vii^{ma}., epacta .xxvi., concurrente[r] .v., nonis aprilis in nocte. Cum ego Petrus Bartholomeus[s] iacerem in capella comitis Sancti Egidii ad obsidionem Archados, cogitare mecum cępi de sacerdote illo, cui dominus cum cruce aparuit, cum a Turcis obsessi in Antiochia teneremur. Atque cum multum mirarer quod numquam cum

c. mansei... valentinenses B ; mergoresi B, mergorienses DEF. — *d.* pogesii B. — *e.* ergo B. — *f.* Zibelli B. — *g.* B *ajoute* enim et *omet* tunc. — *h.* B *omet* et non... mittebant. — *i.* F *omet* nostris. — *j.* dicens se esse B. — *k.* B *omet* Raimundo. — *l.* B *ajoute* equos. — *m.* B *omet* eo pacto. — *n.* B *omet* satis. — *o.* E *omet* a comite ; B *corrige en* a comite. — *p.* A *utilise A capital, haut de trois lignes, mordant sur deux (d'or avec contour de rouge et des couleurs or et vert à l'intérieur de la lettre). La rubrique est xviii (minuscule romaine). Tous les manuscrits indiquent cette division.* — *q.* B *ajoute* nostri Ihesu Christi. — *r.* cocurrente C. — *s.* B *omet* Bartholomeus.

1. Monnaies de Poitou, de Chartres, du Mans, de Lucques, de Valence, de Melgueil, et du Puy (deniers poges) : cf. Du Cange, art. « Moneta », V, col. 462-505.

2. Ce chapitre, numéroté xxv (folio 4), a pour titre : « De visione quam vidit Petrus Bartholomeus ». Les visions rapportées dans Daniel 7 et 8 ont pu suggérer la forme de ce récit. Les visions de Daniel excitèrent beaucoup d'intérêt au Moyen Age ; un *Somnale Danielis* se trouve relié avec un manuscrit du XIIIe siècle de Foucher à la Bibl. Nat., ms lat. 18 415.

cruce michi apparuerat, vidi ilico Dominum ingredientem, et apostolos eius Petrum et Andream[t], (206b) et alium quendam magnum, et spissum, bruno colore et subcalvo, et magnis oculis, et dixit michi Dominus : Quid agis ? Et respondi : Domine ego sto. Et ait iterum Dominus : Tu pene cum aliis submersus esses. Sed quid modo cogitabas ? Et respondi : Domine pater ego de sacerdote[u] cui cum cruce apparuisti cogitabam. Et Dominus : ego scio istud. Et deinceps crede quia ego sum Dominus, pro quo omnes huc venistis, et qui pro peccatoribus Iherusalem[v] in cruce passus sum sicut modo videbis. Et in ipsa hora vidi ibi[w] quandam crucem de duobus lignis nigris atque rotundis factam, non politam neque adaptatam, nisi quod in medio trabes incisę, se[x] invicem conplectebantur. Et ait michi Dominus : Ecce crucem, quia crucem querebas[y]. Et fuit in cruce illa Dominus sic distentus, et crucifixus, sicut in tempore passionis. Petrus autem[z] capite suo[a] a dextris sustinebat. Andreas vero[b] a sinistris in collo sustentabat[c]. Tercius[d] ille a tergo manibus sustentabat[e]. Et dixit[f] Dominus ad me : Hęc dices populo meo, quia sic me vidisti. Vides has quinque plagas meas[1], sic vos quinque ordinibus[2] consistitis. Primus ordo est non formidancium[g] tela, vel gladios, nec aliquid genus tormenti. Ordo iste michi similis est. Ego enim veni in Ierusalem, gladios et lanceas[h], fustes, et baculos, demum et crucem non dubitavi. Moriuntur pro me, egoque[i] pro eis mortuus sum. Et[j] ego sum in eis, et ipsi sunt in me. Cum vero hi tales obeunt, a dextris Dei

t. F *omet* Andream. — *u.* B *ajoute* illo. — *v.* in Hierusalem BDEFG. — *w.* DEF *omettent* ibi ; B *corrige en* ibi. — *x.* sicut F. — *y.* Ecce crucem quam querebas DEF. — *z.* B *ajoute* in. — *a.* B *ajoute* illam. — *b.* B *omet* vero. — *c.* B *omet* sustentabat ; sustinebat DEF. — *d.* Tercius vero ille B ; ergo ille DEF. — *e.* sustinebat B. — *f.* B *écrit* mihi Dominus. Hęc. — *g.* reformidantium B. — *h.* BE *ajoutent* et. — *i.* ego quoque B. — *j.* B *omet* et.

1. Les cinq blessures du Christ et leur symbolisme devinrent les thèmes de nombreux commentaires. Ces blessures et la vision qu'en eurent les apôtres (Év. Jean 20, 25, 27) peuvent avoir inspiré à Raymond l'épisode de la page 75, l. 49. En tout cas, l'apparition au début du XIIe siècle d'un thème destiné à devenir populaire dans les vies de saints, l'iconographie, et même la poésie profane, est intéressante.

2. Les cinq ordres suggèrent les divisions politiques de Cicéron, 2e *Catilinaire*, 8-10, où il mentionne six divisions. Le chiffre 5, en liaison avec les cinq blessures du Christ, était courant dans la littérature ecclésiastique.

collocantur[1], ubi [k] post resurrectionem in cęlum ascendens, consedi. Secundus ordo est[l] eorum qui in subsidio prioribus (207) sunt, atque eos a tergo custodiunt, ad quos etiam illi refugere[m] possunt. Hi vero apostolis sunt similes, qui me sequebantur, mecumque manducabant. Tercius ordo est illorum[n] qui lapides et tela prioribus ministrant[o]. Hi vero[p] similes illis sunt qui cum viderent me in cruce positum[q], de passione mea dolentes, pectora sua percuciebant[2], iniuriam michi fieri proclamantes. Quartus quidem[r] ordo est, eorum qui videntes bellum surgere[s], se domibus[t] intrudunt, atque ad negocia sua convertuntur[u], non credentes in virtute mea victoriam consistere, sed in hominum probitate. Hi tales similes illis sunt, qui dixerunt : reus est mortis[3], crucifigatur[4], quia se regem fecit, et Dei filium se[v] dixit. Quintus autem[w] ordo est, eorum qui cum belli clamorem audiunt de longe speculantes[5], clamoris causas requirunt, et ignavie non virtutis exempla aliis tribuunt. Et non solum pericula pro me, verum etiam pro fratribus subire nolunt. Sed sub specie cavendi alios volentes pugnare, vel pugnatoribus arma ministrare, secum ad speculandum invitant. Hique Iude[x] proditori et Pontio[y] Pilato iudici similes sunt. Erat autem nudus in cruce Dominus tantum[z] linteolo precinctus a genibus usque ad lumbos[6]. Et erat linteolum medio colore[a] inter nigrum et rubeum, et circa horam habebat vittas[b] albas, et rubeas atque virides. Post sublata cruce remansit in habitu in quo prius[c] venerat Dominus. Et dixi ego[d] ad eum : Domine Deus si hec[e] dixero non michi credent. Et respondit michi Dominus : Vis

k. BDEFG *ajoutent* ego. — l. autem ordo BDEF ; F *omet* est. — m. resurgere C. — n. autem ordo DEF ; eorum qui B. — o. ministrabant E. — p. namque B. — q. B *omet* positum. — r. autem B. — s. insurgere B. — t. sed domibus DEF. — u. converturtuntur F. — v. DEF *ajoutent* esse. — w. DEF *omettent* autem. — x. Hii Iudę B. — y. BDEF *omettent* Pontio. — z. tamen B. — a. B *ajoute* coloratum. — b. nigras et E. — c. F *omet* prius. — d. BG *omettent* ego. — e. hoc B.

1. Mat. 26, 64.
2. Luc 23, 48.
3. Mat. 26, 66 ; Marc 14, 64.
4. Jean 19, 6 ; Luc 23, 21.
5. Mat. 27, 55 ; Marc 15, 40 ; Luc 23, 49.
6. La longûeur de l'étoffe entourant la ceinture correspond bien aux tableaux médiévaux représentant le Christ en Croix.

cognoscere eos qui his[f] non (207b) credent[g] ? Et dixi : etiam Domine[h]. Congreget comes principes et populum, disponantque de bello vel de castri obpugnatione, aliquid cum tempus fuerit, proclametque notissimus preco Deus adiuva, ter, atque dispositum complere tendat. Tunc sicut dixi tibi ordines videbis, et tu et alii qui his creditis incredulos distinguetis. Et dixi : Quid[i] de incredulis faciemus[j] ? Et respondit michi Dominus : Non parcatis eis, sed occidite, quia proditores mei sunt fratres Iudę Scarioth. Res vero illorum, his qui de priori ordine sunt concedite, prout necessarię fuerint[k]. Si sic agitis, invenistis viam rectam[1], quam actenus circumistis[l]. Et sicut cętera quę dixisti inconmutata eis provenerunt, et hęc quoque evenient[m]. Scis tu quam gentem precipue dilexerim[n] ? Et respondi Iudeorum gentem[o]. Et Dominus : Hi quoniam increduli fuerunt, odio eos habui[2], et inferiores omnibus gentibus stabilivi. Videte itaque ne increduli sitis. Alioquin vobis remanentibus[p] cum Iudeis alios populos assumam, et per ipsos complebo, quę vobis promiseram. Hęc quoque dices ad eos : Cur timent facere iusticiam[3] ? et quid melius iusticia ? Hanc iusticiam volo ut teneant. Per familias et cognationes ponant iudices. Cum autem quilibet offenderit alium[q], dicat qui iniuriam patitur : Frater vellesne sic tibi fieri ? Post hęc nisi malefactor desierit, ex nomine suę potestatis ei contradicat. Deinde iudex, licenter a malefactore[r] omnia bona sua[s] auferat, et medietas omni-(208)-um sublatorum[t] sit ei[u] qui iniuriam paciebatur, reliqua vero pars[v] potestatis. Si autem iudex aliqua de causa hęc[w] distulerit[x], tu vade ad eum, et dic ei quod nisi ille correxerit[y], non exsolvetur usque ad ultimum seculi diem, nisi remiseris illi. Scisne[z] quam

f. hoc B. — *g.* credunt DEF. — *h.* B *ajoute* Et Dominus. — *i.* Domine quid B. — *j.* fiet DEF. — *k.* necessarium fuerit B ; necesse DEF. — *l.* circuistis B. — *m.* venient B, provenient E. — *n.* elegerim DEF. — *o.* B *écrit* Domine gentem Iudeorum. — *p.* remantibus F. — *q.* B *omet* alium. — *r.* B *ajoute* illius. — *s.* B *omet* sua ; F *écrit* sibi. — *t.* B *omet* omnium sublatorum. — *u.* eius B. — *v.* B *omet* pars. — *w.* B *ajoute* facere. — *x.* abstulerit G ; F *ajoute* et. — *y.* et corripe eum. Quod nisi ille se correxerit B. — *z.* Nescisne B.

1. Cf. « ... Parate viam Domini, rectas facite semitas Dei nostri » (verset et répons de l'Avent).
2. Ps. 118, 113.
3. Ps. 96, 2 : psaume lu au mercredi *ad Laudes*, et au Commun des Apôtres. *Surtees Society*, LIX, 19, Offertorium.

gravis res[a] sit prohibitum ? etenim ego prohibui Adę de arbore sciencię boni et mali[b] ne tangeret[1]. Transgressus est[c] meum prohibitum et ipse et posteri sui in captivitate misera fuerunt. Donec ego veniens in carne, eos morte crucis moriendo redemi[2]. De decimis vero quidam bene fecerunt, quod eas sicut precepi dederunt. Multiplicabo itaque eos[d], atque inter alios cognoscibiles faciam. Cum autem hęc dixisset Dominus, cepi ab eo querere[e], ut pro sua caritate litterarum scienciam quam nuper michi abstulerat, redderet. Et dixit[f] michi Dominus : Non sufficiunt tibi ad enarrandum ea quę nosti ? et tamen vis scire plurima[g] ? Et continuo ita michi visus sum sapiens, ut nichil sapere ultra rogarem. Et ait Dominus[h] : Sufficiunt tibi adhuc quę nosti[3] ? Et respondi : Sufficiunt. Et Dominus rursum : Quid dixi tibi ? Responde. Et ego nichil sciebam. Cumque michi instaret ut aliquid eorum[i] quę dixerat[j] responderem sibi, respondi : Domine nichil novi. Et ait Dominus : Vade et annuncia quę nosti. Et sufficiant tibi quę scis. Cum autem hęc fratribus ostendissemus, ceperunt quidam[k] dicere quod numquam crederent quod huiuscemodi homini loqueretur Deus et dimitteret principes et episcopus et ostenderet se rustico homini. Unde etiam de lancea Domini dubitabant. (208b) Quapropter convocavimus fratres illos quibus de lancea aliquando revelatum fuerat. Et post hęc Arnulfum[4] capellanum comitis Normannię, qui quasi capud omnium incredulorum[5] erat. Et quia litteratus erat credebant ei multi, et quesivimus ab eo quare ipse dubitaret. Cumque diceret quia[l] episcopus Podiensis inde dubitavit[m] ? Respondit quidam sacerdos nomine Petrus Desiderii : Ego vidi post obitum eius episcopum Podiensem et beatum Nicholaum[6] cum eo, et post

a. B *omet* res. — *b*. F *omet* sciencię ; B *omet* boni et mali. — *c*. DEF *omet* est. — *d*. illos B. — *e*. postulare ab eo B. — *f*. B *omet* Et dixit... rogarem. — *g*. plura DEF. — *h*. B *ajoute* Non. — *i*. F *omet* eorum. — *j*. dixera B. — *k*. DEF *omettent* quidam. — *l*. quod B. — *m*. dubitaverit B.

1. Gen. 2, 17.
2. *Ép. Philippiens*, 2, 7-8.
3. « Sufficit tibi gratia mea », Ép. 2 Corinthiens 12 9.
4. Arnoul de Chocques.
5. Judith 13, 27.
6. Saint Nicolas, dont la fête se célèbre le 6 décembre : *Propylaeum ad Acta Sanctorum*, Bruxelles, 1940, pp. 568-569.

multa alia, dixit michi episcopus hęc[n] : Ego sum in uno choro[1] cum beato Nicholao, sed quia de lancea Domini dubitavi, qui maxime credere debuissem, deductus sum in infernum, ubi[o] capilli mei ex hac parte capitis dextera, et medietas barbę conbusta est. Et licet in pena non sim, tamen clare Deum videre non potero, donec capilli et barba sicut ante fuerunt[p], michi succreverint. Hęc et multa alia ex parte Dei predixit nobis[q] sacerdos iste, quę postea[r] evenerunt, sed hęc suo loco dici poterunt. Accessit et alius quidam sacerdos Ebrardus nomine, et dixit : Eo tempore quo Turci obsidebant exercitum nostrum infra Antiochiam, ego eram Tripolim[s]. Veneram enim illuc ante captam[t] Antiochiam pro vitę meę necessariis[u]. Cum vero audissem quod Antiochia esset capta et nostri intus ita tenerentur obsessi, ut nullus ingredi vel egredi[v] de nostris auderet nisi furtim[w], et multa alia mala quę obsessis imminebant, et plurima falsa quę Sarraceni et Turci veris malis addebant, de vita mea seculari[x] dubius, ad ęcclesiam (209) quandam confugi, ubi[y] ante maiestatem quandam matris Domini procubui, lacrimis[z] et precibus appellare per eam Dei[a] misericordiam cępi. Cumque per aliquot dies id fecissem permanens[b] inpransus, et dicens ei : O karissima domina isti peregrini sunt, qui dimissis omnibus parvulis et mulieribus et omnibus caris suis, pro nomine filii tui et pro te huc de longinquis partibus[c] venerunt, et pro filio tuo pugnant, eorum miserere. Et o domina quid dicetur de filio tuo, et de te, in terris ipsorum, si in manus[d] Turcorum eos tradideris ? Hęc et alia multa his similia, cum iratus et gemens[e] sepius iterassem, venit ad me quidam Surianus qui christianus erat, et dixit michi : Bono animo esto[2] et vide ne amplius fleveris, et dixit : Modo eram ante fores ęcclesię[f] Beatę

n. B *omet* hęc. — *o.* ibique B. — *p.* fuerant B. — *q.* B *omet* nobis. —*r.* B *ajoute* nobis. — *s.* Tripolis BG. — *t.* antequam captam esset D. — *u.* necessaria DEF. — *v.* F *omet* vel egredi. — *w.* B *omet* nisi furtim. — *x.* B *omet* seculari. — *y.* confusi F ; ibi B. — *z.* lacrimisque et B. — *a.* Domini B. — *b.* manens B. — *c.* longinquo BDEF ; BDEF *omettent* partibus. — *d.* manibus B. — *e.* alia similia cum mestus et gemens B. — *f.* DEF *omettent* ęcclesię.

1. Cf. la litanie tirée du « Codex Liturg. Fontavellan », dans Migne, *P. L.*, CLI, 924 : « Sancte chorus martyrum... » Il y a ici 16 catégories, commençant par la Vierge, et s'achevant par tous les saints.
2. Actes Ap. 27, 22-25.

Marię matris Domini, et venit quidam clericus ante[g] me albis vestibus indutus. Et cum quesissem ab eo quis esset, aut[h] unde veniret, respondit : Ego sum Marcus evuangelista venioque ab Alexandria[1] et diverti huc propter ęcclesiam Beatę Marię. Et cum rursus quererem quo iret, dixit : Dominus noster[i] est apud Antiochiam, et mandavit omnibus discipulis suis ut venirent eo[2], quoniam Franci debent pugnare cum Turcis, et nos erimus eis presidio[j], et hoc dicto abiit. Cumque ego his parum crederem a dolore neque lacrimis[k] cessarem[l], dixit michi isdem Surianus. Intellige[3], in evuangelio Beati Petri est scriptum, quod[m] gens christianorum quę capiet Iherusalem infra Antiochiam clausa erit, nec inde exire poterit, nisi prius lanceam Domini reppererit. Si[n] aliquid horum dubitatis, fiat ignis, et in Dei nomine (209b) et horum[o] testimonio transibo per medium. Accessit et alius[p] sacerdos nomine Stephanus cognomine Valanti[q], vir magni testimonii, et bone vitę, et dixit[4] : Ipse[r] dominus Ihesus michi[s] locutus est in ipso fervore[t] tribulationis quę fuit apud Antiochiam, et promisit michi coram beatissima matre sua Virgine Maria, quod in .v. die quę futura erat misericordiam populo suo faceret, et labores eius quamplurimos[u] compleret, si ad eum reverterentur ex toto corde[5]. Et in die illa lancea Domini reperta est ubi ego promissa Domini conpleta esse credo. Sed quid[v] inde dubitatis[w], episcopo Podiensi statim

g. ad B. — *h.* et B. — *i.* B *ajoute* Ihesus Christus. — *j.* presidium B. — *k.* nec a dolore nec a lacrimis B ; a lacrimis DEF. — *l.* cessassem B. — *m.* BDEFG *ajoutent* nos habemus quod. — *n.* B *ajoute* Et dixit sacerdos. Si. — *o.* eius B. — *p.* B *ajoute* quidam. — *q.* B *omet* cognomine Valanti. — *r.* B *omet* Ipse. — *s.* G *omet* michi. — *t.* furore B. — *u.* B *omet* quamplurimos. — *v.* Si quid BDEF. — *w.* B *ajoute* hoc ipsum quod.

1. *Surtees Society*, X, 195, indique : « Beatus Marcus evangelista requiescet Alexandria in provincia Aegypti ». Sa fête se célèbre le 25 avril. Dans l' « Assomption de Marie » apocryphe, les disciples sont appelés à son lit de mort. Le Christ et les cohortes célestes les y rejoignent. On peut voir là une autre allusion du chapelain au fait que le Christ vint à Antioche aider les Chrétiens. *English Kalendars, HBS*, 72, 131 ; *Patrologia Orientalis*, XXI, 348 ; ms. 41, Corpus Christi College, 280-287.

2. Ce détail aussi suggère l'homélie de l'Assomption.

3. Marc 7, 14. Procédé utilisé pour les dialogues, dont le but était de fournir des renseignements et d'enseigner.

4. Ici commence un résumé des visions d'Antioche.

5. Mat. 22, 37 ; Marc 12, 30 ; Deutéronome 11, 13.

ut hęc vidi obtuli pro testimonio horum coram multitudine omni, quod si ipse vellet ego transirem per ignes vel de altissima turre precipitarer. Et adhuc hoc ipsum vobis offero. Accessit autem et episcopus Attensis dicens[x] : Insomnis ego an non viderim ista certum nescio[y] Deus scit. Vir quidam venit indutus albis et stetit ante me, et tenebat dominicam lanceam, lanceam dico[z] istam in manibus suis, et dixit michi : Credis hanc lanceam esse Domini ? et respondi : credo domine. Dubitaveram[a] ego aliquando de ea. Cumque secundo id[b] et tercio graviter exigisset a me, dixi ad eum : Credo domine hanc esse lanceam Domini mei[c] Ihesu Christi, et post hęc dimisit me. Et ego[d] qui hęc scripsi, coram fratribus et episcopis hęc[e] ibi dixi : Interfui ego dum effoderetur[f], et antequam tota super terram apparuisset, mucronem obsculatus sum, et sunt in exercitu plures qui mecum ista viderunt. Et addidi : Et alius[g] quidam sacerdos (210) Bertrannus nomine Podiensis, qui[h] familiaris episcopo Podiensi erat, in vita ipsius. Hic autem sacerdos infirmatus est[1], usque ad mortem apud Antiochiam[i]. Cumque iam de vita sua desperaret, venit ante eum episcopus[j] Podiensis cum Eraclio vexillifero suo qui in bello maximo facto[k] apud Antiochiam in facie percussus sagitta, cum intrepidus agmina Turcorum prosterneret, et inde vitam finierat. Et dixit ei[l] episcopus : Bertrande quid agis ? Et dixit Heraclius : Domine infirmus est. Et respondit episcopus : Propter incredulitatem[2] infirmatur. Et sacerdos ad hęc : Domine nonne ego de lancea Domini credo, sicut et de passione Domini ? Et dixit ei episcopus : Et adhuc alia multa te oportet credere. Et licet ad hoc negocium non pertineat, tamen quia egregium est, gratia bonorum hominum aliquid adiungam. Cum resedisset sacerdos ad presentiam episcopi et Heraclii domini sui, infirmus enim erat nec stare poterat, vidit in facie domini sui vulnus unde ipse vitę mortalis labores finierat. Et dixit ei pres-

x. et dixit B. — *y*. an vigilans ista viderim certum nescio B. — *z*. B *omet* lanceam dico. — *a*. B *ajoute* et. — *b*. cum id secundo BF. — *c*. nostri B. — *d*. B *ajoute* Raimundus. *e*. B *omet* hęc. — *f*. B *ajoute* lancea Domini. — *g*. Est et alius B, Est alius DEF. — *h*. B *omet* qui. — *i*. B *omet* apud Antiochiam. — *j*. desperasset, apparuit ei episcopus B ; desperaretur DEF. — *k*. B *omet* facto. — *l*. B *omet* ei.

1. Jean 11, 4.
2. Mat. 17, 19.

biter : Domine nos iam credebamus quod vulnus hoc vestrum sanatum esset[m]. Quid est hoc ? Et respondit Heraclius : Bene hoc quesisti[n]. Cum ego veni[o] ante dominum meum deprecatus sum eum quatenus[p] numquam hęc plaga clauderetur, quoniam propter eam[q] vitam finieram : Et hoc michi concessit dominus. Hęc et[r] multa alia episcopus et Heraclius sacerdoti dixerunt, quę modo non sunt necessaria. His atque pluribus aliis[s] auditis, credidit Arnulfus, et confessus est. Promisitque episcopo Albariensi quod coram omni populo[t] pro incredulitate (210b) sua veniam faceret[u]. Die autem constituta cum venisset vocatus ad[v] consilium Arnulfus, cepit dicere quod bene crederet, sed cum domino suo volebat loqui antequam veniam faceret. Cum vero[w] hęc audisset Petrus Bartholomeus iratus nimium[x] sicut homo simplex,[1] et qui veritatem obtime noverat dixit[y] : Volo ac deprecor ut fiat ignis maximus, et cum lancea Domini transibo per medium. Et si est lancea Domini[z] incolumis[a] transeam, sin autem[b] conburar in igne. Video enim quia nec signis nec testibus creditur. Placuerunt hęc omnia nobis. Et indicto ei ieiunio, diximus quod eo die fieret ignis, quo Dominus[c] pro nostra salute plagatus cum ea in cruce fuit, et post .iiii[d]. diem erat parascevem. Itaque illuscescente die[2] constituta ignis preparatus[e] est post meridiem. Convenerunt eo principes et populus usque ad .lx.[ta] milia virorum[3]. Fuerunt[f] ibi sacerdotes, nudis pedibus et induti sacerdotalibus indumentis[g]. Factus est[h] de oleis siccis, et habuit in longitudine .xiii[i]. pedes et erant duo aggeres et inter utrosque spacium[j] quasi unius pedis. Et[k] in altitudine aggerum erant quatuor pedes. Cum vero ignis vehementer

m. vulnus non esse sanatum. Et ait sacerdos : B. — *n*. B *omet* Bene hoc quesisti. — *o*. venissem B. — *p*. ut B. — *q*. eum B. — *r*. B *omet* Hec et... necessaria. — *s*. G *omet* aliis. — *t*. multitudine populi B. — *u*. peteret B. — *v*. B *omet* ad. — *w*. DEF *omettent* vero. — *x*. B *écrit ici* dixit. — *y*. B *omet* obtime *et* dixit *et écrit* bene noverat. — *z*. B *ajoute* est. — *a*. B *omet* incolumis. — *b*. B *ajoute* falsum est. — *c*. B *ajoute* noster. — *d*. B *écrit* et in cruce fuit *et omet* iiii. — *e*. paratus B. — *f*. Fueruntque B. — *g*. vestimentis BD. — *h*. B *ajoute* ignis. *i*. quatuordecim B. — *j*. erat inter utrosque duos aggeres spacium B. — *k*. atque B.

1. Job 1, 1, 8 ; Mat. 6, 22.
2. Le 8 avril 1099.
3. Les *Gesta* ne rapportent pas cet incident. Un manuscrit de Tudebode ms. lat. 4892 de la Bibl. Nat., le note brièvement, sans détail. *Recueil*, III, 100.

accensus esset, dixi ego Raimundus coram omni multitudine : Si Deus omnipotens[l] huic homini locutus est facie ad faciem[1], et beatus Andreas lanceam dominicam ostendit ei cum iste vigilaret, transeat iste illesus[m] per ignem. Sin autem est mendatium[n] conburatur iste cum lancea quam portabit in manu sua[o]. Et omnes flexis genibus responderunt amen[2]. Exestuabat ita incendium, ut usque ad .xxx. cubitos (211) aera occuparet. Accedere vero prope nullus poterat. Tunc Petrus Bartholomeus indutus solummodo tunica, et flexis genibus ante episcopum Albariensem, Deum testem invocavit, quod facie ad faciem ipsum in cruce viderit, et hęc quę suprascripta sunt ab eo audivit[p]. Et a beato[q] Petro et Andrea neque quicquam eorum quę[r] sub nomine sancti Petri vel sancti Andreę, vel ipsius Domini dixit se conposuisse[s]. Et si[t] quicquam mentitus erat, presens incendium numquam transisset. Cętera quę ipse commisisset et in Deum et in proximum dimitteret ei[u] Deus, et pro his oraret episcopus, atque omnes alii sacerdotes et populus qui ad hoc spectandum[v] convenerat. Post hęc cum episcopus posuisset ei[w] lanceam in manu, flexis genibus et facto signo crucis sibi cum lancea viriliter et inperterritus incendium ingressus est. Atque per spacium quoddam in medio ignis demoratus est, et sic per Dei gratiam transivit. Sunt autem nonnulli[x] adhuc qui hoc signum[y] ibi viderunt, quod antequam egrederetur rogum[z], quedam avis desuper volans lustrato igne se intus inmisit. Hoc[a] vidit Ebrardus sacerdos ille cuius mencionem superius fecimus, qui Ierosolimis pro Deo postea remansit. Et Guillelmus Bonofilius[b] obtimus miles, et boni testimonii patria Arelatensi[c]. Hoc ipsum se vidisse testatur alius quidam miles honestus genere[d] Biterensis, nomine[e] Guillelmus Maluspuer. Quod[f] antequam Petrus ingrederetur in flamma,

l. B *omet* omnipotens. — *m.* B *omet* illesus. — *n.* autem aliter est, et mendacium est B. — *o.* manibus suis B. — *p.* audierit B. — *q.* beatis apostolis B. — *r.* BDEF *ajoute* ipse. — *s.* composuisset DEF. — *t.* B *omet* Et si... transisset. — *u.* illi G. — *v.* spectaculum BDEF. — *w.* D *omet* ei. — *x.* B *omet* autem nonnulli. — *y.* B *écrit* signum hoc. — *z.* ingrederetur in ignem B ; ingrederetur DEF. — *a.* misit. Et hoc B. — *b.* Wilelmus B *passim ;* Bonifilius B. — *c.* Relatensis DEF. — *d.* miles est obtimus B. — *e.* B *écrit* Niterensis *et omet* nomine. — *f.* Qui B.

1. *Ép. I Corinthiens*, 13, 12.
2. Comme dans les rubriques. Raymond écrit comme s'il suivait les indications données par un missel pour s'agenouiller, répondre...

quendam hominem indutum veste sacerdotali, nisi quod casulam habebat replicatam super capud ingredi in ignem vidit. Et cum vi-(211b)-deret quod non egrederetur, existimans Petrum Bartholomeum esse, lacrimari cepit, credens eum esse extinctum in igne. Erat[g] ibi multitudo hominum, nec poterant omnes videre omnia. Et alia multa nobis revelata[h] sunt et facta, quę nos metuentes legentibus fastidium scribere noluimus. Cum ad omnem causam tres[i] idonei testes sufficiunt[1], hoc unum[j] non pretermittamus. Postquam[k] Petrus Bartholomeus[l] per ignem transivit, licet[m] multum estuaret incendium, tamen populus ita avide ticiones collegit et carbones cum cinere[n], ut in brevi spatio nichil inde appareret. In fide etenim illorum multas per hec virtutes operatus est postea[o] Dominus[p]. Ut vero Petrus[q] de igne egressus est, ita ut nec tunica eius conbusta fuerit, nec etiam pannus ille subtilissimus de quo lancea Domini involuta erat, signum alicuius lesionis habuisset accepit eum omnis[r] populus cum signasset eos tenens manu lanceam et clamasset[s] alta voce Deus adiuva, accepit eum et traxit eum per terram et conculcavit eum omnis pene illa[t] multitudo populi. Dum quisque volebat[u] eum tangere, vel accipere de vestimento eius aliquid, et dum credebat eum esse quisquam apud alium. Itaque tria vel .iiii^{or}. vulnera fecerunt in eius cruribus[v] abscidentes de carne eius, et spinam dorsi eius[w] confringentes, crepuerunt eum. Expirasset[x] ibi animam Petrus sicut nos credimus, nisi Raimundus Pelet[y][2] miles nobilissimus et fortis, fultus[z] agmine sociorum, irrupisset in agmine turbę turbatę[a], et usque ad mor-

g. B *ajoute* autem. — *h*. B *omet* Et alia... hoc ; relata DEF. — *i*. F *omet* tres. — *j*. B *ajoute* vero. — *k*. B *ajoute* enim. — *l*. BDEFG *omettent* Bartholomeus. — *m*. B *ajoute* ad huc. — *n*. B *omet* et carbones cum cinere. — *o*. BD *omettent* postea. — *p*. B *donne* Et alia... sufficiunt *ci-dessus après* Dominus, *omettant* legentibus, *et écrivant* non curavimus (noluimus A). — *q*. F *ajoute* Bartolomeus. — *r*. BDEFG *omettent* omnis. — *s*. B *omet* tenens manu *et écrit* cum lancea Domini et clamasset. — *t*. B *omet* pene ; G *omet* illa. — *u*. B *omet* volebat... alium *et écrit* Dum quisque apud se illum distraeret. — *v*. ei in cruribus B. — *w*. B *omet* eius. — *x*. B *ajoute* autem. — *y*. Pelez B, Peles F. — *z*. facto B. — *a*. B *omet* turbatę *et écrit* ingressus.

1. C'est le nombre légal de témoins selon l'Ancien et le Nouveau Testament : Deutéronome 19, 15. Les faux témoins contre le Christ sont signalés dans Mat. 26, 60. Les détails de l'ordalie qui suit, sont semblables à ceux qui sont rapportés pour le Moyen Age : Alfred Maury, *Croyances et légendes du Moyen Age*, Paris, 1896, p. 401-403.

2. Raymond Pelet.

(212)-tem pugnando liberasset eum. Sed nos in sollicitudine et in angustia modo positi, amplius de his scribere non possumus. Cum vero detulisset Raimundus Pelet, Petrum ad domum nostram colligatis eius vulneribus cepimus querere ab eo quare moram fecisset in ignem[b]. Ad hęc ipse respondit : Dominus michi occurrit in medio igne, et apprehendens me per manum, dixit michi : Quia dubitasti de inventione lanceę, cum beatus Andreas ostendisset tibi eam, non sic transibis illesus, sed infernum non videbis. Et hoc dicto me dimisit. Videte itaque si vultis adustionem meam, et erat aliquantula[c] adustio in cruribus, verum non multa. Sed plage erant magnę. Post hęc convocavimus omnes qui de lancea Domini[d] dubitaverant, ut venirent et viderent faciem eius et capud atque capillos[e] et reliqua menbra, et intelligerent quod verum est, quicquid ipse de lancea dixerat, et de aliis cum pro testimonio eorum, non extimuisset intrare tale[f] incendium. Venerunt[g] itaque multi, et videntes faciem eius atque totum corpus glorificabant Dominum[h] dicentes : Bene potest nos Dominus custodire inter gladios inimicorum nostrorum qui hominem istum liberavit, de tanto incendio flammarum. Certe non credebamus, quod sagitta aliqua sic transire possit illesa per ignem quomodo iste transivit. Post hęc[i], convocavit ad se capellanum comitis Raimundum[j] nomine et dixit ei Petrus[k] : Quare voluisti ut ego ob testimonium dominicę lanceę[l] et cęterorum quę ex parte Dei (212b) dixeram per incendium transirem ? Scio satis quia hoc modo et hoc modo cogitasti[m]. Et dixit ei quę ipse cogitaverat. Cum vero[n] ille se taliter cogitasse negaret, respondit Petrus Bartholomus : Michi quidem negare non potes, quia certum hoc habeo. Etenim alia[o] nocte fuit hic beatissima Virgo Maria, et episcopus Podiensis per quos ego ea quę tu negas didici. Miror satis cum de verbis[p] Domini et apostolorum ipsius[q] non dubitaveris, quare experimentum cum periculo meo de his solis habere volueris ? Tunc deprehensam cogitationem suam, et se[r] culpabilem ante

b. igne BDEF. — *c.* aliquanta B. — *d.* B *omet* Domini. — *e.* B *omet* atque capillos ; et capillos DEF. — *f.* B *omet* tale. — *g.* Viderunt B. — *h.* Deum B. — *i.* B *ajoute* Petrus. — *j.* B *écrit* nomine Raimundum. — *k.* B *omet* Petrus. — *l.* F *omet* lanceę. — *m.* quia hoc et hoc cogitasti B. — *n.* Cumque ille BDE ; quia F (vero A). — *o.* illa B. — *p.* B *ajoute* est. — *q.* eius B. — *r.* B *omet* se.

Deum[s] Raimundus videns, amarissime[t] in lacrimas prorupit. Et Petrus ad hęc : Noli desperare, quia piissima Virgo Maria et sanctus Andreas tibi apud Deum veniam obtinebunt[u]. Tu vero enixius eos[v] deprecare. Interim tantę ac tales lites inter principes nostri exercitus oborte sunt, ut pene totus exercitus divideretur. Sed Deus qui conductor[w] ac dominus erat noster, ne talia fierent, beneficiis suis prohibebat. Erat civitas Tripolis[x] non multum longe a nostris castris. Huius igitur dominus civitatis, cum discordiam principum nostrorum didicisset, respondit hęc[y] nostris qui de reddendo tributo eum appellabant. Et qui sunt Franci ? et quales milites[z] ? Et quanta est[a] eorum potentia ? Ecce tercius mensis modo[b] agitur ex quo exercitus Francorum obsedit castrum Archados, et neque eorum assultum habui, neque armatum aliquem[c] de ipsis vidi, et tamen sunt prope[d] per .iiii^{or}. leugas. Sed huc veniant, et videamus eos, et conprobemus miliciam eorum. Quare ego eorum hominum (213) tributarius fierem, quorum facies non vidi, et fortitudinem eorum ignoro[e] ? Ut vero hęc relata sunt ad exercitum nostrum, quique dixerunt adinvicem. Ecce quid[f] adquisivimus pro contentionibus et discordiis nostris. Blasphematur Deus, et nos contempnimur. Ob hoc[g] itaque convenientes principes nostri in unum, statuerunt ut episcopus Albariensis, cum parte exercitus castra servaret, et principes cum ordinibus peditum et militum sicut pugnandi mos est, usque ad muros civitatis assultarent. Constituta autem die cum nostri[h] profiscicerentur taliter[1], egressi Tripolitani[i] obviam illis in multitudine tumultus sui confisi pugnare cum nostris parabant[j]. Est quidam murus firmissimus[k] aquęducti in civitatem et altus, inter quem et mare non multum ampla via est. A tribus enim partibus Tripolim mare scingit[l]. Hunc igitur

s. B *ajoute* se. — t. E *ajoute* flevit. — u. impetiabunt E. — v. B *omet* eos. — w. ductor BDEF ; B *écrit* erat et Dominus noster. — x. DEF *écrivent* Erat autem ; nomine Tripolis cuius superius mentio facta est B. — y. B *omet* hęc. — z. B *ajoute* sunt. — a. B *omet* est. — b. B *omet* modo. — c. B *écrit* aliquem eorum. — d. B *ajoute* me. — e. BDEFG *omettent* eorum ; et ingeni D. — f. quod B. — g. B *omet* ob hoc. — h. B *écrit* taliter *après* nostri. — i. Tripoli B. — j. proficiscerentur E. — k. fortissimus G. — l. BCDEFG *écrivent* cingit.

1. Au cours du troisième mois du siège, selon Raymond ; les *Gesta*, p. 186-188, placent plus tôt une bataille semblable.

murum aquęducti quem diximus Sarraceni munierunt. Ut quasi de castello, et[m] ad castellum exire, et regredi possent si quid adversi contigisset. Videntes itaque nostri[n] hanc multitudinem loco et armis confidentem, invocando Deum et erectis astis, conglobatim pedites et milites more processionis usque ad eos venerunt. Ut si nostros vidisses, amicos non hostes eos crederes vel dixisses[o]. Fedatur enim[p] terra sanguine Maurorum, et completur aquęductus cadaveribus eorum. Tantum[q] namque timorem hostibus inmisit Dominus ut vix fugere post primos ictus aliqui eorum possent. Erat quidem ad videndum satis delectabile, cum aquęducti rivulus raptim truncata cadavera nobilium (213b) et vulgi, in civitatem inferret. Ceciderunt ibi de nostris unus vel duo. De hostibus vero, usque septingentos cecidisse audivimus. Reversi itaque cum grandi victoria, et multis spoliis, dixerunt nostri principes ad populum : Hodie vidit nos rex Tripolitanus[r1], et nos vidimus vias civitatis, et[s] consideravimus accessus. Et nunc si laudatis iustum esse decernimus, ut cras sapiat rex quales nos[t] milites sumus. Reversi itaque altera die, extra civitatem nullum invenerunt. Post hęc autem rex Tripolis mandavit ad nostros principes si desisterent ab obpugnatione Archados donaret eis .xv. milia aureos, et equos[u] et mulas et vestes, et victualia, atque mercatum de omnibus rebus faceret omni populo. Preterea redderet omnes captivos quos habebat de gente nostra. Venerunt nobis[v] eo tempore legati ab Alexio imperatore[2] cum maximis querimoniis de Boimundo,[w] eo quod retineret civitatem Antiochię contra iuramenta quę imperatori fecerat. Habebat enim Boamundus Antiochiam[x] eo tempore. Namque[y] cum audisset Boamundus de comite quod profectus esset a Marra in interiora Syrię expulit homines comitis violenter de turribus Antiochie quas servabant[3].

m. B *omet* et. — *n.* D *omet* nostri. — *o.* esse eos dixisses. Ut autem permixti sunt ; hostes esse et non amicos crederes B. — *p.* etenim D. — *q.* Tamen C. *r.* Tripolis BDF, Tripolim E. — *s.* D *omet* et. — *t.* B *omet* nos. — *u.* BDEFG *ajoutent* multos. — *v.* B *omet* nobis. — *w.* Boamundo F. — *x.* civitatem Antiochiam D. — *y.* Nam E ; F *corrige en* Namque.

1. Ibn-'Ammār.
2. Les envoyés d'Alexis arrivèrent peut-être le 10 ou le 11 avril.
3. Le 7 janvier.

Propterea mandavit Alexius ad nostros principes quod donaret aurum et argentum multum eis, et veniret cum eis in[z] Iherusalem et[a] expectarent eum[b] usque ad festivitatem Sancti Iohannis, et tunc instabat dominicum pascha. Dicebant ob ea multi in quibus comes erat, expectemus imperatorem, et habebi-(214)-mus donativa eius, et ipsum qui faciet nobis venire mercatum per mare et per terram, et sub ipso[c] domino concordabimus, omnes civitates se dabunt ei, et ille vestiet quas voluerit, et quas voluerit destruet. Preterea[d] populus iste noster longis ac[e] diuturnis defatigationibus conquassatus si venerit[f] in Iherusalem, volet fortassis reverti ut deforis viderit eam. Quę vero et quanta pericula maneant illos qui[g] perficere ita[h] desiderant, perpendatis. Ad hęc[i] autem obdimus[j] castellum Archados, quod usque[k] ad mensem se dabunt[l], vel vi capientur. Et cum longe notum sit de obsidione ista, si dimittamus eam ut inexplicabilem, multum contempnetur noster exercitus, qui nichil incepit actenus, quod inexpletum dimiserit. At vero alii dicebant econtra : Semper nocuit[m] nobis imperator, semper mentitus est, semper adversum nos cogitavit, et nunc quia videt se nichil posse, et nos valere per Dei gratiam, ex studio agit, quatinus a proposito itineris nos retrahat, ne[n] hi qui audierint exemplo nostri venire disponant. Sed iam quos ipse multociens lesit verbis et opere, fidem ei frustra[o] adhibere caveant. Fidentes igitur Christo duce qui nos de tam multis preter spem liberavit periculis, et contra omnia molimina imperatoris et fraudes eius nos[p] contutatus est, viam pro qua venimus ingrediamur, et facile ex Dei promissione quod volumus consequemur. Et cum hęc[q] audierit imperator captam[r] esse Iherusalem, et iter liberum quod verbis simulabat de itinere, opere complebit[s]. Similiter de donativis erit. Lau-(214b)-davit populus maxime hanc sententiam[t]. Sed quia comitis familiares erant multi, quippe cum[u] populo se comes sine aliis principibus[v] exposuisset, et pluribus magna et privata beneficia contulisset,

z. DEF *omet* in. — *a*. si B ; et ut DEF. — *b*. B *omet* eum. — *c*. ipsius B. — *d*. Propterea BDEF. — *e*. et B. — *f*. veniret B. — *g*. G *omet* qui. — *h*. iter BDEF. — *i*. Adhuc B. — *j*. obdimus ACF ; obsideamus B ; DE obsedimus. — odimus G. — *k*. et B. — *l*. reddent B. — *m*. noluit F. — *n*. no F. — *o*. fidei eius frustra animos B. — *p*. G *omet* nos. — *q*. hoc B. — *r*. B *ajoute* scilicet. — *s*. Iherusalem tunc liberum iter quod vobis simulabat opere complebit B. — *t*. de eius donativis erit laus. Populus hanc maxime laudabat sententiam B. — *u*. B *ajoute* pro. — *v*. B *ajoute* morti.

propterea consilia principum, et populi[w] vota impediebant[x]. Predicavimus eo tempore ieiunium et orationes, et elemosinas in populo, ut[y] Deus omnipotens qui eum duxerat[z] de tam multis regionibus illuc, inspirare dignaretur, quod de his gratum erat[a] in conspectu suo. Itaque fidelium vota quod querebant facile apud Deum promeruerunt. Apparuit enim episcopus Podiensis Stephano Valantino, de quo superius mencionem fecimus, qui cum cruce Dominum vidit[b], et percussit eum cum virga regredientem ad domum suam per noctem[c]. Et dixit ei : Stephane. Et ille respondit : Domine. Et respiciens agnovit eum. Et ait episcopus : Quare neglexisti semel et[d] secundo, quod dixi tibi de cruce Domini[e] et matris nostrę Virginis Marię, de cruce dico quam ego preferri faciebam, ut aportaretur in exercitum ? Et quod signum est melius cruce[f] ? At non est, satis illa crux pro vobis[g] lapidata ? An non illa bene vos conduxit usque ad lanceam Domini ? Et nunc ait domina et beata[h] Virgo Maria, quod nisi illam crucem habeatis, non potestis habere consilium. Et continuo ait sacerdos : O karissime domine et ubi est beata Maria ? Et statim episcopus eam[i] monstravit ei : Erat autem beata Virgo[j], longe ab eo quasi .viiii. vel .x. cubitis, specie et ornatu valde admirabilis[k], et assistebant ei beata Agatha[1], et quedam altera virgo cum duobus cereis. Et tunc sacerdos ait ad (215) episcopum qui assistebat ei : Domine quanta dicuntur de vobis in exercitu ? Quod in inferno vobis barba et capilli conbusti sunt, et alia multa quibus non creditur. Et nunc oro ut unam de candelis illis in testimonium horum quę dicitis michi donetis ut deferam ad comitem. Tunc ait episcopus, illi : Videns vide faciem meam. Numquid perusta est ? Post hęc accessit episcopus ad beatam Mariam Virginem, et cognita eius voluntate regressus est ad sacerdotem, et dixit ei : Quod tu queris

w. D *omet* et populi. — *x*. impediebantur BDEF. — *y*. F *omet* ut. — *z*. F *omet* eum ; conduxerat BDEF. — *a*. quid erat gratum de hoc itinere B. — *b*. viderit B. — *c*. B *ajoute* episcopus. — *d*. vel B. — *e*. dominica D, dominice EF. — *f*. Et quod signum melius cruce B ; in cruce D. — *g*. nobis B. — *h*. beatissima B *passim*. — *i*. B *omet* eam. — *j*. DE *ajoutent* Maria ; Beata Maria F. — *k*. ammirabilis B.

1. Sainte Agathe, vierge et martyre, dont la fête était déjà célébrée anciennement le 5 février : *Acta Sanctorum*, Februarius, I (MDCLVIII), 595-623.

impetrare non potes, sed hic anulus quem habes in digito tuo, nec tibi prodest, nec portare debes eum, sed[l] vade et dabis eum comiti dicens : Virgo mater sanctissima mittit tibi hunc anulum, et quocienscumque[m] defeceris in aliquibus[n] recordare illius domine quę tibi mittit hunc, et apellabis eam, et Dominus auxiliabitur tibi. Rursus cum quereret sacerdos ab eo, quid vellet ut faceret frater suus, respondit ei[o] episcopus : Oret bene electum episcopum ut pro animabus parentum nostrorum .iii. missas celebret ad Dominum[p]. Precepit mater nostra ut deinceps lancea non monstretur, nisi a sacerdote, et[q] induto sacris vestibus et crux ei preferatur sic. Et tenuit episcopus crucem in astile positam, et quidam indutus sacerdotali veste[r] sequebatur eum habens lanceam inter manus. Et episcopus incepit responsorium hoc : Gaude Maria Virgo[1] cunctas hereses sola interemisti. Inceperunt sine numero[s] centena milia virorum, atque sic collegium sanctorum[t] abiit. Mane autem facto venit sacerdos, et primum quesivit si haberemus lanceam. Et cum vidisset (215b) eam cum multis lacrimis cepit enarrare visa ab eo et audita[u] ea quę superius diximus. Misit itaque comes Guillelmum Ugonem de Montilio[2] fratrem episcopi Podiensis Laodiciam, ubi crux dimissa fuerat cum capella ipsius[v] episcopi. Interim[w] Petrus Bartholomeus morbo defatigatus ex[x] concassatione et vulneribus convocavit comitem et principes eius. Et dixit ei[y] : Finis vitę meę appropinquavit, et scio satis quia[z] de omnibus quę male feci vel[a] dixi, vel etiam[b] cogitavi ante Deum iudicabor, in cuius conspectu hodie testificor ipsum coram vobis me nichil conposuisse, de his omnibus[c] quę ex parte Dei, et apostolorum ipsius

l. B *omet* sed. — *m*. BDEF *omettent* cumque. — *n*. B *ajoute* rebus. — *o*. B *omet* ei. — *p*. B *ajoute* Et ait iterum. — *q*. B *omet* et. — *r*. sacerdotalibus BDEF ; vestibus B ; vestimentis DEF. — *s*. Et ilico inceperunt sine dubio B. — *t*. sic illud sanctorum collegium BDEF (sanctum B). — *u*. B *omet* visa... audita. — *v*. DEF *omet* ipsius. — *w*. Interea B. — *x*. et DEF. — *y*. eis EF. — *z*. B *omet* quia. — *a*. et B. — *b*. G *omet* etiam. — *c*. ex his B ; D *omet* omnibus.

1. Antienne, qui se trouve dans le Bréviaire au Commun des fêtes de la Vierge. Voir aussi *Facsimiles of Horae de Beata Maria Virgine* (from English manuscripts of the Eleventh Century), éd. E. S. Dewick, dans *HBS*, XXI, 32 ; Young DMC, II, 113 : *Surtees Society* LX, 164 LXXI, 690, et LXXV, 181.
2. Guillaume Hugues de Monteil.

vobis annunciavi[d]. Sic sine dubio videbitis ea quę adhuc vobis dicam siquidem Deo fideliter serviatis[e]. Post hęc Petrus securus in pace, hora sibi a Deo constituta, migravit ad Dominum. Sepultusque est in loco illo, ubi cum[f] lancea Domini per ignem transierat. Interea comes, et alii principes de itinere in[g] Iherusalem, qua melius ac levius fieret ab incolis regionis illius[h] perquirebant. Tunc accesserunt ad nos quidam[i] Suriani. Sunt enim ibi montana Libani[1] in quibus usque[j] ad .lx. milia hominum Christianorum habitant. Et terram illam et montana multo tempore Christiani possederunt. Qui propter civitatem Tyri sunt[k] quę vulgariter nunc Sur dicitur[l]. Unde Suriani vocantur. Sed insurgentibus per Dei iudicium Sarracenis atque Turcis, in tanta oppressione servitutis isti Suriani fuerunt (216) per quadringentos et eo[m] amplius annos ut multi eorum conpellerentur patriam et christianam desere[n] legem. Sed[o] qui autem[p] per gratiam Dei contempsissent, cogebantur[q] tradere pulchros parvulos suos ad circumcidendum vel[r] ad turcandum, sive rapiebantur a[s] sinibus matrum, interfecto patre et illusa parente. Quippe in tantam maliciam exarserant illa hominum genera ut[t] ęcclesias Dei everterent[u], et sanctorum eius vel imagines delerent. Et quas non poterant delere per moram, oculos eorum eruebant et[v] sagittabant. Altaria vero omnia suffodiebant. In ęcclesiis autem[w] magnis mahumarias faciebant. Quod si aliquis de illis augustiatis Christianis imaginem Dei vel alicuius sancti domi suę habere volebat, vel redimebat eam per singulos menses vel[x] annos, aut conculcata[y] in stercore, coram oculis

d. B *écrit* nunciavi *et ajoute* et adhuc vobis dicam. Et sicut vidistis ea quę vobis nunciavi. — *e.* B *ajoute ici le passage cité ci-dessus, page 88 :* Tu vero comes cum veneris in Iherusalem, fac ut exercitus postulet Deum ut vitam tuam prolonget atque continuet, et Deus prolongabit eam tantumdem quantum vixisti. Tu autem cum reversus fueris prope quinque leugas in ecclesiam Sancti Trophimi lanceam Domini pones et ecclesiam ibi fabricare fecies ; et fiet ibi moneta quam tu iurabis ne falsa fiat. Sed neque aliud aliquid falsum ibi permittes. Vocabitur autem locus Mons Gaudii et fient hęc inter Provinciam. Etenim beatus Petrus apostolus Trophimo suo discipulo promisit quod lanceam Domini ei mitteret. — *f.* G *omet* cum. — *g.* B *omet* in. — *h.* B *omet* illius. — *i.* F *omet* quidam. — *j.* B *omet* usque. — *k.* BDEF *omettent* sunt. — *l.* appellatur B. — *m.* BDEFG *omettent* eo. — *n.* deserere BEF. — *o.* Si B. — *p.* B *omet* autem. — *q.* cogitabantur DF. — *r.* B *omet* ad circumcidendum vel. — *s.* vel rapiebantur de B. — *t.* homines ut E. — *u.* verterent BE. — *v.* vel BDEF. — *w.* DEF *ajoute* nostris. — *x.* et B. — *y.* concults B.

1. Le Liban.

ipsius comminuebatur. Quodque adhuc relatu nimis durum est ? Ponebant iuvenes in prostibulis[z1], commutantes sorores eorum pro vino[a] et nequius[b] agerent. Et neque his neque aliis tristibus illacrimari[c] palam etiam matres audebant. Et quid de his multa narramus ? Coniuraverat certe gens illa contra sanctum sanctorum et eius hereditatem, quod nisi[d] iussu et instinctu Dei Francorum gentes his malis occurrissent, profecto bruta animalia contra illos Deus armasset, quod aliquando nobis presentibus fecit. Et de his auctenus[e]. Illi inquam Suriani de quibus superius diximus quod[f] ad comitem venerunt requisiti de meliori itinere responderunt : Est via per Damascum plana (216b) satis, et plena victualium sed non inveneritis[g] aquam per duos dies. Est alia via[h] per montana Libani tuta satis et copiosa, sed gravis multum sagmariis, atque camelis. Est et alia via[i] secus mare[2], ubi tam multę ac tales angustię sunt, ut si quinquaginta aut centum Sarraceni retinere eas voluerint prohibere possint omne hominum[j] genus. Et tamen in evangelio beati Petri quod apud nos est continetur, quod si vos estis gens illa quę Iherusalem debet capere, per maritima transibitis[k], licet propter difficultatem nobis inpossibile videatur. Non solum autem hoc de itinere[l], sed[m] et alia multa quomodo vos egistis, et qualiter agere debeatis in evangelio illo[n] apud nos scripta continentur. His atque aliis modis persuadentibus et contradicentibus aliis, reversus est, Guillelmus Ugo de Montilio cum cruce de qua superius diximus. Hanc autem crucem cum vidissent etiam comitis familiares in tantam itineris commotionem devenerunt, ut preter comitis et aliorum principum consilium incensis tabernaculis suis et primum comitis familiares obsidionem Archados[o] dimitterent. Conturbabatur[p] itaque comes usque ad lacrimas, et usque ad sui atque[q]

z. DEFG *ajoutent* et. — *a.* viro B. — *b.* ut nequius BDEFG. — *c.* illas lamentari B. — *d.* si B. — *e.* hactenus dictum sit B. — *f.* qui ad BDF ; quia ad E. — *g.* inveniretis B. — *h.* B *omet* via. — *i.* B *omet* via. — *j.* humanum B. — *k.* transire debetis B. — *l.* BDEF *ajoutent* vestro. — *m.* DEF *omettent* et. — *n.* suo B. — *o.* B *omet* Archados. — *p.* Conturbatur C. — *q.* et B.

1. Joël 3, 3.
2. Ps. 76, 20 : « In mare via tua, et semitae tuae in aquis multis... » La mer était considérée comme une image du monde ,à travers lequel les Chrétiens doivent trouver leur voie. Cf. Grégoire le Grand, *Homiliarum in Evangelia*, II, 24, 2, dans Migne, *P. L.*, 76, 1184.

suorum odium. Neque tamen ob hoc voluntatem suę plebis Deus imminuebat, sed dux Lotharingię maxime volebat hoc iter, et plebem ad hoc commonefaciebat[r]. Itaque profecti ab illa invisa et odiosa obsidione Archados, venimus ante Tripolim. Nitebatur etiam tunc comes Raimundus[s], precibus atque muneribus apud omnes nobiles, ut civitatem Tripolis[t] obsiderent, sed omnes (217) ei contradicebant. Apparuit eo tempore sanctus Andreas Petro Desiderio[u] de quo superius mencionem habuimus[v], et dixit ei : Vade et loquere comiti dicens[w] : Noli esse molestus tibimet neque aliis, quia nisi prius capta fuerit Iherusalem, nullum succursum habebitis[x]. Non te molestet inexpleta obsidione[y] Archados, non te gravet quod hęc civitas vel alię quę in itinere sunt ad presens non capientur, quod[z] imminet vobis in proximo bellum, ubi heę et alię multę civitates conquesite erunt. Propterea tu noli molestus esse tibi, neque tuis. Sed Deus quicquid tibi concesserit, in eius nomine libenter distribue, atque tuis hominibus socius et fidelis esto amicus. Si sic egeris, dabit tibi Dominus Iherusalem et Alexandriam atque Babyloniam. Quod si hęc neglexeris, nec promissa tibi[a] a Deo consequeris, nec legatum deinceps[b] habebis, donec in angustia illa positus sis, ut quo declinare possis ignores. Accepit itaque comes[c] verba sacerdotis, accepit vere[d] verbis sed operibus negavit[e]. Etenim cum accepisset multam peccuniam a rege Tripolis, nulli umquam inde largiri[f] voluit. Sed etiam verberibus atque contumeliis cotidie suos lascescebat[g]. Non solum autem hęc sacerdos iste nobis[h] dixit, verum multa alia[i], de quibus quedam huic operi aponimus. Aliquando namque cum profiscisci ab Antiochia vellemus, venit sacerdos iste ad me, Raimundum, et dixit michi : Quod quidam sibi in visione apparuerat, qui dixit ei : Vade in ęcclesiam Beati Leontii[1], et invenies ibi de reliquiis .iiii[or].

r. monefaciebat B ; comonere faciebat CFG ; fatiebat DE. — *s*. B *omet* Raimundus. — *t*. Tripolim DEF. — *u*. Andreas apostolus Petro Desiderii B, Disderio DEF. — *v*. supra mentio facta est B. — *w*. B *omet* dicens *et écrit* vade et dic comiti. — *x*. habetis B. — *y*. obsidio BDEF. — *z*. quia BDEFG. — *a*. E *omet* tibi. — *b*. eius B ; eius deinde E ; eius deinceps DFG. — *c*. B *ajoute* hęc. — *d*. inquam B ; C *omet* vere. — *e*. abnegavit B, obnegavit DEF. — *f*. B *ajoute* aliquid. — *g*. lacerabat B. — *h*. B *omet* iste nobis. — *i*. B *ajoute* quę retroacta sunt.

1. Léonce, saint de Tripoli. Cf. *Acta Sanctorum*, Junius IV, 454 ; selon *Patrologia Orientalis*, XI, 508-509, sa fête est célébrée le 27 décembre ;

sanctorum et tolles eas tecum atque portabis in (217b) Iherusalem. Et ostendit ei in ipsa visione reliquias, et reliquiarum loculos, et docuit nomina sanctorum. Cum vero evigilasset sacerdos, et non satis visioni suę crederet, cepit agere precibus et obsecrationibus ad Deum ut si hęc revelatio ab ipso erat secundo saltem sibi innotesceret. Astitit ei idem sanctus in visione post aliquot dies atque multum[j] comminatus est quod mandatum a Domino neglexisset, et nisi usque ad .v. feriam sustulisset illas reliquias esset sibi in[k] grave dampnum, et domino suo Ysoardo comiti. Erat enim Ysoardus comes Diensis[1], vir in quantum noverat Deo fidelis, et omnibus nobis sapientia et probitate utilis. Cumque hęc[l] michi Raimundo sacerdos narrasset, retuli ego ad Aurasicensem episcopum et ad comitem Sancti Egidii, et ad alios quosdam qui acceptis candelis, venimus ad ecclesiam Sancti Leoncii. Obtulimus candelas et vota Deo et sanctis eiusdem ęcclesię, ut Deus omnipotens qui eos sanctificaverat nobis eos consortes et coadiutores donaret. Et illi[m] sancti peregrinorum et exulum pro Deo non spernerent consorcium, sed magis ex caritate[n] nobis coniungerentur, et nos Deo coniungerent. Mane autem facto venimus cum sacerdote ad sanctarum reliquiarum loculos, et sicut nobis predictum fuerat omnia[o] invenimus. Sunt autem nomina sanctorum[p], Cyprianus[2], Omechios[q3], Leoncios[r], Iohannes Crisostomus[4]. Inter ipsos autem

j. F *omet* multum. — k. B *omet* in. — l. Cum hoc B ; Cum hec DEF. — m. Etenim sancti illi B ; F *omet* illi. — n. B *omet* ex caritate. — o. B *omet* omnia. — p. B *ajoute* istorum. — q. Omezios B, DEF Omethios. — r. Leontios BG, Leontius DE, Leoncius F.

ibid., XXI, 305, note son martyre au 16 avril. *Acta Sanctorum*, Aprilis III (MDCLXXV), 259.

1. Isoard comte de Die.

2. Saint Cyprien : *Acta Sanctorum*, Septembris, III (MDCCLV), 250. Le Bréviaire indique un saint Cyprien évêque au 16 septembre, et un saint Cyprien au 26. Les synaxaires orientaux donnent des dates diverses, ainsi le 15 juin, le 19 septembre, les 1 et 2 octobre. *Patrologia Orientalis*, II, 79, et X, 63, 86, 97, 139.

3. Peut-être une forme populaire de saint « Epimachus » (d'où le français Épimaque). D'après le Bréviaire, la Saint Épimaque se célèbre le 10 mai ; voir aussi *Surtees Society*, LX, 37. Les synaxaires orientaux l'indiquent en mai et octobre : *Patrologia Orientalis*, X, 271, 258, et XV, 399-401 ; *Acta Sanctorum*, Maii II (MDCLXXX), 490.

4. Saint Jean Chrysostome est nommé le 27 janvier dans le Bréviaire. Les *Acta Sanctorum*, Septembris IV (MDCCLIII), 401-709, l'indiquent

loculos, capsulam quandam reperimus cum reliquiis. De quibus cum quereremus a sacerdote cuius sancti essent[s] reliquię, se nescire respondit. (218) Cum vero ab incolis quereremus si scirent cuius sancti essent illę reliquię[t], dicebant alii sancti Mercurii[1], alii autem aliorum sanctorum. Sacerdos vero levare et colligere cum reliquiis aliis eos[u] volebat. Cui ego Raimundus coram omnibus qui[v] aderant, fortiter dixi[2] : Si venire voluerit iste sanctus nobiscum[w] Iherusalem, nomen suum et voluntatem manifestet, alioquin remaneat hic. Numquid de ignotis ossibus honerabimur[x] ac ea deferemus[y] ? Itaque die[z] illo dimisse sunt reliquię ille. Cum vero sacerdos alias reliquias collegisset, et pannis atque pallio[a] eas[b] involvisset, in nocte quę secuta est, astitit ei vigilanti quidam iuvenis quasi .xv. annorum pulcherrimus valde. Qui dixit ei : Quare hodie non accepisti reliquias[c] meas cum cęteris ? et presbiter ad hec : Et quis es tu[d] ? et ille : An ignoras quis sit vexillifer huius exercitus ? et respondit presbiter : Nescio domine. Cumque secundo idem[e] querenti, eadem sacerdos respondisset, terribiliter est[f] comminatus sacerdoti dicens : Tu revera michi dices. Et tunc sacerdos ait : Domine dicitur de sancto Georgio[3] quod sit vexillifer exercitus huius. Et ille : Bene dixisti. Ego sum ille. Accipe igitur reliquias meas, atque seorsum cum aliis pones. Cum autem sacerdos per aliquos[g] dies id[h] facere distulisset, advenit idem[i] Georgius et pre-

s. BDEF G *ajoutent* illę. — *t.* B *omet* illę reliquię ; D *omet* illę. — *u.* eas BDEF. — *v.* BDEF *ajoutent* ibi. — *w.* in B. — *x.* honerabimus DEF. — *y.* B *omet* ac ea deferemus. — *z.* DEF *omettent* die. — *a.* palliolis DEF. — *b.* DEF *omettent* eas. — *c.* F *omet* reliquias. — *d.* B *ajoute* Domine. — *e.* eidem B. — *f.* B *ajoute* ei *et omet* sacerdoti. — *g.* aliquot BE. — *h.* hęc B. — *i.* B *ajoute* sanctus.

au 14 Septembre. Tandis que les synaxaires orientaux le signalent au 25 janvier, 13 septembre, et 13 novembre : *Patrologia Orientalis*, X, 46, 54, 65.

1. Saint Mercure était connu, aussi bien en Orient qu'en Occident, pour sa sainte exécution de l'impie Julien, avec la lance. Le fait que divers actes et miracles de sa vie sont célébrés, peut en partie expliquer l'extrême variété des dates fournies par les calendriers : 3 juin, 25 octobre, 6 et 26 novembre. *Aelfric's Lives, EETS*, 78, I, 67-8 ; *Patrologia Orientalis*, I, 373, III, 274, XVI, 117, et XVII, 777.

2. Formule suggérée par Jérémie 28, 1.

3. Saint Georges est nommé le 23 avril dans le Bréviaire ; *Acta Sanctorum*, Aprilis III (MDCLXXV), pp. 100-163. Les synaxaires orientaux sont d'accord, mais indiquent aussi le 3 novembre pour saint Georges de Lydda ; *Patrologia Orientalis*, X, 40, 47, 56, 65, 76, 305.

cepit presbitero graviter dicens : Nullatenus dimittas quod mane reliquias meas non tollas, atque iuxta in ampullulam invenies de sanguine sanctę Virginis et martyris Teclę[j][1], quem pariter tolles, et post (218b) hęc missam cantabis. Atque omnia reperit hęc sacerdos[k] et fecit. Sed antequam ad reliqua perveniamus, de his pretermittere non debemus, qui pro amore sanctissimę expedicionis per ignota et longissima equora, Mediterranei et Occeani, navigare non dubitaverunt. Etenim Angli[2] audito nomine ulcionis Domini[l] in eos qui terram nativitatis Ihesu Christi[m] et apostolorum eius indigne occupaverant, ingressi mare anglicum, et circinata Ispania[n] transfretantes per mare oceanum[o][3], atque sic[p] Mediterraneum mare sulcantes portum Antiochię atque civitatem Laodicię, antequam exercitus noster per terram illuc veniret laboriosę obtinuerunt. Profuerunt nobis eo tempore tam istorum naves quam et Genuensium. Habebamus enim ad obsidionem per istas naves et per securitatem eorum[q] commercia a Cypro insula[r] et a reliquis insulis. Quippe hęc naves cotidie discurrebant per mare, et ob ea[s] Grecorum naves secure erant, quia Sarraceni eis incurrere formidabant. Cum vero Angli illi vidissent exercitum proficisci in Iherusalem et robur suarum navium a longinquitate temporis inminutum quippe[t] cum usque ad .xxx. in principio naves habuissent, modo vix .x. vel .viiii. habere poterant, alii dimissis navibus suis et expositis, alii autem incensis[u] nobiscum iter acceleraverunt. Cumque ante Tripolim principes nostri moras innecterent, tantum amorem eundi[v] Iherusalem misit Dominus[w], quod nullus se nec alium retinere ibi[x] poterit. Sed profecti vespere[4] contra principum

j. sancte Telcle virginis D. — *k*. Hęc atque omnia que ei dixerat repperit sacerdos B ; Ita omnia DEF. — *l*. F *omet* Domini. — *m*. Domini B. — *n*. Hispania B. — *o*. coegerunt B. — *p*. F *omet* sic. — *q*. earum BG. — *r*. BDEFG *omettent* insula. — *s*. eas B. — *t*. B *ajoute* qui *et omet* cum. — *u*. B *ajoute* tabernaculis. — *v*. BDEF *ajoutent* in. — *w*. B *ajoute* in populo. — *x*. B *omet* ibi.

1. Les calendriers placent au 23 septembre la fête de sainte Thècle : *Colbertine*, *HBS*, 44, II, 441 ; *Patrologia Orientalis*, X, 46.
2. Sans doute des navires anglais sous Edgard Atheling.
3. Cette terminologie évoque les géographies, où l'Espagne était considérée comme une des limites de l'Europe, et où l'Océan entourait le tout. Si « mare anglicum » désigne quelque chose de précis, ce doit être la Manche. Pour « mare sulcantes », voir l'Introduction, p. 16 et note 2.
4. Les Croisés quittèrent Tripoli le 16 mai.

decreta, et contra (219) moraem nostri[y] exercitus, tota illa nocte perambulantes, sequenti die Berittum[z1] devenimus[2]. Atque post hęc preoccupatis[a] ex inproviso angustiis quę Bucca Torta nominantur[b], infra paucos dies, et sine impedimento[3] venimus Acchon[c]. Rex autem Achon metuens quod civitatem eius[d] obsideremus, iuravit[e] comiti propter hoc ut discederemus[f], si caperemus Iherusalem vel si essemus in regione Iudeę per .xx. dies, et rex Babiloniorum nobis in bello non occurreret[4]. Vel si possemus superare ipsum regem, redderet se nobis et civitatem suam Achon[g]. Interim vero esset amicus noster. Profecti itaque[h] Achon[i] una die, in vespere iuxta paludes quę sunt prope Cesaream[5], castra tetendimus. DE COLUMBA QUE LITTERIS DEFEREBAT AD NOCUMENTUM NOSTRORUM[j6]. Dumque sicut moris est, alii pro necessitate infra castra discurrerent, alii autem de sociis suis ubi[k] hospitati essent a notis sibi requirerent[l] columbam desuper exercitum volantem accipiter in medio discurrencium, mortaliter plagatam deiecit[m]. Cum autem sustulisset eam episcopus Attensis reperit litteras quas illa deferebat. Et erat sententia litterarum quasi[n] huiusmodi. Rex Achon duci Cesarię. Generatio canina per me transivit. Gens stulta atque contentiosa, sine regimine, quibus per te et per alios quantum tuam legem diligis nocere desidera. Quod si vis facile poteris. Hoc idem et ad alias civitates et[o] castra

y. B *omet* moræm nostri *et écrit* principum exercitus ; amorem F. — *z*. Berintum BG, Berutum DEF. — *a*. occupatis B. — *b*. nominatur BDEF. — *c*. Accaron BDEFG *passim*. — *d*. metuens ne civitatem suam B. — *e*. F *omet* iuravit... discederemus. — *f*. quia si caperemus DEF. — *g*. B *omet* Achon. — *h*. igitur B. — *i*. ab Accaron BDEF. — *j*. BDEFG *omettent* De columba... nostrorum ; C *écrit* nostrum. — *k*. B *omet* suis ; F *omet* ubi. — *l*. B *omet* sibi *et écrit* inquirerent. — *m*. E *ajoute* De columba ab acipitre capta que litteram in collo portabat. — *n*. B *omet* quasi. — *o*. atque B.

1. Beyrouth.
2. Pour la discussion de cette façon de faire et de cet itinéraire, voir notre *Raymond IV de Saint-Gilles*, pp. 111 suiv.
3. Ils atteignirent Acre sans obstacle. Voir *Ép. I Corinthiens*, 7, 35 ; et le répons du 2e Nocturne pour le Commun de Plusieurs Martyrs : « ... et in mare Rubro via sine impedimento ».
4. Pour cette convention, voir notre *Raymond IV*, pp. 107 suiv.
5. Césarée, au sud de Haïfa.
6. Le texte en capitales est à peu près identique au titre du chapitre xxvii (folio 4).

mandabis. In mane autem exercitum cum requiescere preciperemus[p], expositę sunt littere ad principes et ad omnem populum, et quomodo Deus benignus esset erga[q] eos adeo (219b) ut[r] nec etiam aves ad nocendum nobis transire[s] per aera possent. Et inimicorum nostrorum etiam archana nobis reseraret[t]. Unde omnipotenti Deo laudes et gratias referebamus. Atque inde profecti[u], securi et alacres, et frequenter in[v] prima fronte[w] exercitus, et in ultima procedebamus[x]. Cum vero audissent Sarraceni qui habitabant in Ramulis[1] quia transieramus fluvium qui prope erat[y], deseruerunt munitionem et arma, et frumentum multum in areis, et messes quas collegerant. Cumque[z] venissemus eo altera die, cognovimus quia Deus revera pro nobis pugnaret. Itaque obtulimus vota sancto Georgio, et quia[a] se ducem nostrum confessus fuerat[b], visum est[c] maioribus et omni populo ut episcopum ibi eligeremus. Quoniam[d] ecclesiam illam in terra Israel primam inveneramus, et simul[e] beatus Georgius pro nobis Deo supplicaret, et per terram incolatus sui nos fideliter educeret. Sunt autem Ramulę a[f] Ierosolima quasi .xv. miliaribus[g]. Itaque habuimus ibi colloquium. Alii dicebant[h] : Non eamus[2] ad presens in Iherusalem, sed versus Egyptum et Babyloniam. Et si per Dei gratiam superare possumus regem Egypti, non solum Iherusalem verum etiam Alexandriam et Babyloniam, et plurima[i] regna obtenebimus. Quod si[j] eamus in Iherusalem et non invenientes sufficienter aquam deseramus[k] obsidionem. Nec hoc nec illud postea perficiamus[l]. At vero alii contra[m] dicebant : Vix sunt in exercitu mille quingenti milites et armatorum peditum[n] grandis numerus[o] non est et laudatur modo ut ignotas et longissimas regiones eamus[p], (220) ubi nec succursum de nostra gente habere possimus, nec si[q] civitatem

p. perciperemus C. — *q*. contra F. — *r*. F *omet* ut. — *s*. G *omet* transire. — *t*. reserarent DEF. — *u*. F *omet* profecti. — *v*. frequentes BDEF ; cum B. — *w*. parte B. — *x*. precedebamus B, excedebamus DEF. — *y*. est BDEF. — *z*. Cum autem B. — *a*. quoniam B. — *b*. professus est B. — *c*. B *ajoute* a. — *d*. Quod C. — *e*. B *ajoute* ut. — *f*. prope ab B. — *g*. sedecim miliaria B. — *h*. et dicebant alii B. — *i*. F *omet* et plurima. — *j*. B *ajoute* modo. — *k*. desideramus F. — *l*. perficiemus BDEFG. — *m*. econtra B. — *n*. militum B. — *o*. exercitus DEF. — *p*. adeamus B. *q*. sanctam B.

1. Ramla ; les Croisés y entrèrent le 3 juin.
2. Les Croisés quittèrent Ramla le 6 juin, et campèrent à Emmaüs.

capiamus[r], presidium ponere nec etiam inde[s] reverti si[t] necessitas[u] fuerit valeamus. Sed nichil[v] hoc. Viam nostram teneamus et de obsidione et de[w] siti[x], de fame, et de aliis Deus provideat servis suis. Dimisso itaque presidio cum episcopo novo, in castro Ramulis, honeravimus camelos et boves, denique et omnia iumenta nostra et equos, ad Iherusalem iter vertimus. Verbum autem quod preceperat nobis[y] Petrus Bartholomeus nisi[z] discalciati ad Iherusalem per duas leugas non adpropiemus[a], et[b] obliti sumus, et vile habuimus. Dum quisque[c] volebat alium prevenire ex ambitione, ad occupanda[d] castella et villas. Erat enim[e] consuetudo inter nos, ut si aliquis[f] ad castellum vel villam[g] prior venisset, et posuisset signum cum custodia, a nullo alio postea contingebatur. Itaque hac ambicione, de media nocte surgentes, non expectatis sociis omnia illa montana obtinuerunt, et villas quę sunt in campestribus Iordanis. Pauci autem quibus[h] mandatum Dei carius erat nudis pedibus incedentes pro contemptu divini verbi graviter suspirabant. Et tamen nullus socium vel amicum ab illo ambitioso cursu revocabat. Cum autem sic superbe incedendo venissimus[i] prope Iherusalem[1], egressi Iherosolimitte obviam[j] de prioribus nostris, homines et equos graviter plagaverunt, et de ipsis ea die[k] ceciderunt tres vel quatuor, et multi sunt plagati. Obsederunt autem civitatem a septentrione dux Godefridus[l] et comes Flandrensis, et comes Norman-(220b)-nus. Obsederunt vero eam ab ęcclesia Sancti Stephani quę est quasi ad medium civitatis a septentrione[2], usque ad angularem turrem[m] quę proxima est turri David[3]. Comes

r. B *ajoute* nec. — s. ibi B. — t. cum B. — u. necessarium BDEFG. — v. BDEFG *ajoutent* est. — w. F *omet* de. — x. DEFG *ajoutent* et. — y. E *omet* nobis. — z. ut non nisi B, ut nisi DEF. — a. leugas appropinquaremus B, leugas properaremus DEF. — b. DEF *omettent* et. — c. unusquisque B. — d. BEF *omettent* ad ; et occupanda DFG. — e. BDEF *ajoutent* ista. — f. B *omet* aliquis. — g. B *ajoute* quis. — h. B *ajoute* hoc. — i. B *omet* venissimus. — j. prope in Iherusalem, egressi Sarraceni de civitate obviam B. — k. D *omet* die. — l. B *omet* Godefridus. — m. usque angularem C ; turrim B.

0. Le 7 juin.
1. Selon le ms. lat. H 142 de la Bibliothèque Universitaire de Montpellier, section de Médecine, l'église de Saint-Étienne était située vers le nord ; *RHC Occ*, III, 102.
2. La Tour de David gardait la Porte de Jaffa vers l'ouest.

autem et exercitus eius sedit ab occidente[1], et obsedit Iherusalem[n] ab obsidione ducis usque ad ascensum[o] montis Syon[2]. Sed quia non poterant homines eius plane accedere ad[p] obpugnandum murum civitatis quia vallis quedam erat in medio[3], volebat mutare castra[q] sua, et locum. Igitur dum die quadam[r] circuisset civitatem comes[4], et venisset in montem Syon et vidisset ęcclesiam, audissetque[s] mira quę Deus ibi operatus est, dixit ad principes et ad eos qui ibi aderant : Si dimittamus hęc sacra quę nobis hic Deus presentavit, et deinceps Sarraceni occupent ea, quid erit de nobis ? Quid si propter odium nostrum contaminent ea atque confringant ? Quis scit an in temptationem[t] dederit Deus hęc, ut comprobaret quantum diligeremus eum ? Certe hoc unum scio, quia nisi diligenter conservemus hęc sacra, non tradet nobis[u] illa quę sunt infra civitatem. Itaque comes Raimundus[v], preter suorum principum voluntatem, tentoria sua illuc transferri iussit. Unde tantam invidiam suorum passus est, ut neque secum hospitari vellent, neque excubias per noctem agere, sed permanebat[w] unusquisque in loco suo in quo[x] prius hospitatus fuerat, nisi pauci qui cum comite illuc transmigraverunt[5]. Sed conducebat[y] cotidie comes milites et pedites[z] magna mercede qui castra sua servarent. Sunt enim[a] in ęcclesia illa[b] hęc sacra[6]. Sepulchrum David regis et Salomo-

n. eam B. — *o*. descensum B. — *p*. et F. — *q*. castella F ; B *omet* castra sua et *et écrit* locum suum. — *r*. B *omet* Igitur dum *et écrit* Quadam autem die cum. — *s*. et audisset B, audisset F. — *t*. B *ajoute* nobis. — *u*. B *ajoute* Deus. — *v*. B *omet* Raimundus. — *w*. manebat B. — *x*. ubi DEF. — *y*. cum ducebat F. — *z*. B *ajoute* cum. — *a*. autem B. — *b*. B *omet* illa.

1. Ceci semble confirmer la situation de la tour de David à l'ouest.
2. Selon la carte indiquée p. 137, n. 1, le Mont Sion est au sud-est, à l'est de Siloam, et le camp de Raymond se trouvait là. Il est difficile d'admettre à la fois que Raymond ait mené le siège par le sud, et que la tour de David se soit rendue à lui (ci-dessous, p. 151 ; cf. aussi les *Gesta*, p. 204).
3. Selon les *Gesta*, p. 204, Raymond paya un denier pour chaque trois pierres jetées dans le fossé qui empêchait ses machines de siège d'approcher des murailles.
4. Tout ce passage est peut-être suggéré par *Livre I des Maccabées*, 4, 36-42.
5. Ceci est confirmé par la reddition de la tour de David à Raymond.
6. Sans doute l'église de la Vierge, *Gesta*, p. 194. L'indication du transfert de Raymond facilitait l'incorporation de ce pieux renseignement.

nis, et sancti Ste-(221)-phani prothomartyris sepulchrum[c]. Migravit ibi beata Maria[d]. Cenavit ibi Dominus et resurgens a mortuis discipulis suis[e] apparuit et Thome. Ibidem apostoli inflammati sunt[f] adventu Spiritus Sancti. Itaque posita obsidione una[g] dierum, cum venissent principes ad reclusum qui erat in montem[h] Oliveti, dixit eis : Si cras obpugnaveritis civitatem, usque ad nonam tradet eam vobis Dominus. Cui cum respondissent, non habemus armamenta quibus obpugnari murus possit. Ad hęc respondit ille : Deus est omnipotens qui in scala etiam una[i] murum expugnabit[j] si voluerit. Presto est Dominus laborantibus pro veritate. Itaque comparatis armamentis quę per noctem illam comparari potuerunt, ita fortiter a mane usque ad terciam diei[k] civitas obpugnata est[1], ut conpellerentur Sarraceni deserere interiorem murum fracto a nostris antemurali, et quibusdam de nostris accedentibus usque ad altitudinem muri interioris. Cumque iam civitas caperetur, subrepente desidia et timore obpugnatio incepta, nulla fuit[l]. Post hęc omnes profecti sunt per regiones[m], ad congreganda victualia. Et non erat verbum de necessariis comparandis, ad capiendam civitatem. Sed quisque ventri et gulę necessariis[n] serviebat. Et quod multo deterius erat non invocabant Dominum ut liberaret eos de tantis ac de[o] tam multiplicibus malis in quibus usque ad mortem gravabantur. Etenim ad adventum nostrum Sarraceni clauserant ora puteorum, et cisternas dissipaverant,[2] et obstruxerant venas fontium. Et[p] ipse (221b) Dominus posuerat flumina in desertum[3], et exitus aquarum in sitim a (malicia)[q] eorum qui terras illas incolebant. Propterea cum maximo[r] labore aqua ibi conquirebatur. Est quidam fons in decensu montis Syon qui natatoria Syloe apellatur[4]. Magnus quidaem fons, sed non profluebat nisi tercia die.

c. DEF *omettent* sepulchrum. — d. hic beatissima virgo Maria de seculo B. — e. ibi B. — f. B *ajoute* in. — g. B *omet* una. — h. est B ; monte BDEF. — i. iuncea B. — j. obpugnabit B. — k. B *omet* diei. — l. BDEFG *ajoutent* intermissa est ; et multos de nostris tunc perdidimus. Altera vero die, nulla obpugnatio incepta fuit. — m. regionem illam B. — n. B *omet* necessariis. — o. B *omet* de. — p. Iam B ; Etiam DEF. — q. malicia BCDEFG (A *écrit* milicia). — r. magno B.

1. Le 13 juin.
2. Jérémie 2, 13.
3. Ps. 106, 33-34.
4. « Syloe » et les renseignements fournis jusqu'à « palus » ont été sans

Dicebant autem incole de illo fonte quod in .vi. feria. tantum solitus erat profluere. Per reliquos vero dies[s], quasi palus. Quid autem id fuerit preter Dei voluntatem, ignoramus. Cum vero ut dictum est nobis in tercia die aqua decurreret, cum tanto impetu et obpressione aqua auriebatur, ut mutuo se homines in aqua[t] proicerent, et iumenta et[u] peccora multa intus[v] deperirent. Itaque repleto fonte collisione et cadaveribus animalium, ad exitus[w] ipsius aquę, quę per quandam rupis incisuram egrediebatur, forciores se usque ad mortem obprimebant[x]. Debiles autem nichilominus illam aquam inmundissimam sibi tollebant. Iacebant autem multi infirmi secus fontem ex ariditate lingue non valentes emittere vocem sed tantum ore aperto manus pretendebant illis quos videbant aquam habere[y]. Per campos vero stabant equi[z] muli, boves, et oves plura animalia non[a] valentia mutare gressum. Sed ubi ex ariditate[b] confecta atque exiccata[c] fuerant, ubi diu steterant corruebant. Unde in nostris castris fetor gravissimus erat. Sic itaque afflicti ad fontes longe per duas leugas et per tres mittebant pariter ut aqua inde deferretur et animalia adaquarentur. At ubi Sarraceni cognoverunt nostros (222) inhermes discurrere ad fontes per montana quę sunt asperrima insidias eis pretendebant, et multos ex ipsis trucidabant[d], et captivabant[e], et iumenta eorum, et peccora secum ducebant[f]. Itaque si quis[g] detulisset aquam venalem in plateis, quantum volebat inde accipiebat. Quippe .v. vel vi. nummi non satis sufficiebant[h] alicui sicienti per diem, si aquam limpidam mercari vellet[i]. De vino autem nullus vel rarissimus sermo erat. Preterea calor et pulvis et ventus, si non satis per se sitis posset, eam instigabat[j]. Sed quid[k] de his multa dicimus ? Nullus vel[l] pauci memores etiam Dei erant nec illorum quę vel ad obpugnandam civitatem opus erant, nec ut misericordiam Dei

s. BDEF *ajoutent* erat. — *t.* eam B. — *u.* atque BDEF. — *v.* B *omet* intus. — *w.* exitum BDEF. — *x.* deprimebant B. — *y.* bibere DEF. — *z.* DEF *ajoutent* et. — *a.* boves et plurima peccora B. — *b.* B *ajoute* sitis. — *c.* siccata B. — *d.* tendebant, et quantos ex eis volebant trucidabant B. — *e.* D *omet* et captivabant. — *f.* peccora deducebant B. — *g.* aliquis B. — *h.* faciebant G. — *i.* vellent B. — *j.* non sitis per se ; satis eam instigabant B. — *k.* G *ajoute* et. — *l.* B *omet* nullus vel.

doute suggérés par les histoires diverses qui couraient au sujet de cette source : *Patrologia Orientalis*, XXI, 674-5.

appellarent[m], curam gerebant. Sic neque[n] inter verbera Deum cognoscebamus[o], neque ingratis ipse propiciebatur. Inter hęc venit[p] nuncius[q] nobis[1], quod .vi[r]. naves de nostris, applicuerant Iopen[2]. Et mandabant nautę ut presidium mitteretur illuc, quo[s] turris Ioppe[t] custodiretur, et ipsi securi in portu essent. Est autem Ioppe civitas destructa preter castellum, et illud etiam satis dissipatum preter unam turrim, sed[u] est ibi portus, et prope est[v] Iherusalem diei itinere unius. Ibi est enim proximum mare[w] Iherusalem. Audientes nostri[x] de navibus, omnes[y] gavisi sunt. Et misit illuc[z] comes Gaudemarum[a] qui Carpinelle[3] cognominabatur[b], cum .xx. militibus et peditibus circiter .l. et post ipsum Raimundum Pelet[c], cum .l. militibus et Guillelmum de Sabra[d4] cum sociis suis. Cum vero venisset[e] Guademarus ad campestria (222b) quę sunt citra Ramulas, occurrerunt ei .cccc. electi[f] Arabes, et Turci circiter .cc. Ille vero secundum paucitatem dispositis militibus suis et sagittariis in prima fronte versus hostes tendebat nichil dubitans auxilio Dei confisus[g]. Hostes autem[h] credentes se eum posse absorbere cum suis hominibus et incurrebant, et sagittabant, et circumdabant. Ceciderunt ibi de parte Galdemari .iiii[i]. milites et Acardus[j] de Monte Merulo[5], nobilis[k] iuvenis et miles inclitus[6], et plagati alii, sagittarii nostri[l] omnes ceciderunt. De parte vero inimicorum multi ceciderunt. Neque tamen ob hoc inminentia hostium inminuebatur[m], neque fortitudo nostrorum militum immo Dei militum[n]

m. erant vel que misericordiam Dei BG ; erat vel que misericordiam DEF ; provocarent B. — *n.* Sique neque BDEF. — *o.* agnoscebamus B. — *p.* venerunt B. — *q.* nuncii B. — *r.* novem B. — *s.* DEF *ajoutent* et. — *t.* Iope C. — *u.* F *ajoute* ubi. — *v.* B *omet* est. — *w.* B *omet* enim *et écrit* mare propius. — *x.* itaque B. — *y.* B *ajoute* nostri. — *z.* ibi B. — *a.* Galdemarum BDEF *passim.* — *b.* Carpinellus dicitur B. — *c.* Peleth B, Pelez G *passim.* — *d.* Sabrano B. — *e.* advenisset BDEF. — *f.* B *omet* electi. — *g.* confisus in Dei auxilio B ; Dei consilio confisus D. — *h.* vero F. — *i.* Ceciderunt ibi de nostris tres vel iiii[or] B. — *j.* Achardus BEG, Ahacardus D. — *k.* nobilissimus B. — *l.* vero B. — *m.* B *ajoute* bella. — *n.* militum de Dei misericordia B.

1. Le 17 juin.
2. Jaffa.
3. Gaudemar Carpinel.
4. Guillaume de Sabran.
5. Achard de Montmerle.
6. *Liber I Paralipomenon*, 29, 13 ; Commun de Plusieurs Martyrs (en dehors de la période pascale), l'hymne « Sanctorum meritis », *Hymns Breviary*, p. 332.

desperabat. Sed ex vulneribus et ab ipsa morte incalescentes, tanto acriores instabant hostibus quanto graviora se ab eis perpessos senciebant. Sed dum nostri duces iam magis fatigati ex lassitudine quam ex timore confecti declinare[o] vellent, cognito pulvere a longe Raimundus Pelet, preceps et festinus pugnam[p] intravit. Atque tantum pulverem commovebat ut crederent hostes cum eo plurimos esse milites. Sicque et per[q] Dei gratiam et nostri liberati sunt et hostes fusi atque fugati et circiter .cc. ex eis interfecti[r], et plurima spolia capta sunt[s]. Etenim ista consuetudo est apud illas gentes[t], quod si fugiant, et imminere senciunt[u] hostes suos, primo[v] proiciunt arma, post hęc vestimenta, deinde subsellia. Itaque in hoc bello contigit, ut nostri pauci milites donec ad lassitudinem ex illa multi-(223)-tudine inimicorum occiderent, et reliquorum spolia retinerent. Collectis igitur et divisis spoliis cum venissent nostri milites Ioppen cum tanta leticia et securitate nautę eos susceperunt ut navium etiam[w] suarum obliviscerentur, ut[x] vigilias per mare non agerent, et panem et vinum et pisces quę secum detulerant eis communicarent. Sic itaque[y] ex alacritate et securitate nautę neglegenter[z] effecti, dum vigilias per noctem non agunt, de inproviso per mare ab hostibus circumdati sunt. Cumque vidissent diluculo quia non possunt[a] pugnare contra tantam multitudinem expositis navibus suis spolia tantum secum[b] detulerunt. Atque sic victores et victi, pariter Iherosolimam reversi sunt. Sed una de navibus illis in portu non est intercepta quę predatum abierat. Hęc autem navis cum maxima preda regrediens, cum vidisset reliquas naves inclusas, et tantam[c] classem inimicorum remis acta et velo Laodiciam reversa est. Ibique sociis et amicis nostris de nobis qui eramus Iherosolimis, sicuti erat denunciavit. Sed hęc omnia adhuc iuste contigisse cognoscimus[d], cum et sermonibus quę[e] a Deo mandabantur nobis fidem abnegaremus. Et desperantes de Dei misericordia, ad campestria Iordanis descendebant, et colligebant[f] ibi palmas, et baptizabantur in flumine

o. B *ajoute* ab acie. — *p.* in pugnam BDEF ; G *omet* pugnam. — *q.* Sique per BEFG, Sic per D. — *r.* F *ajoute* sunt. — *s.* F *omet* et plurima... sunt. — *t.* est inter gentes F. — *u.* sentiant BDEF. — *v.* primum B. — *w.* B *omet* etiam. — *x.* et BG. — *y.* Et quia B. — *z.* negligentes BG. — *a.* possent BDEF. — *b.* B *omet* secum. — *c.* B *omet* et tantam. — *d.* cognovimus B. — *e.* qui B. — *f.* colligentes D.

Iordanis[g]. Et ob hoc maximę ut transferrent se[h] Ioppen, visa Iherusalem et dimissa obsidione, atque sic[i] quomodocumque possent reverterentur. Sed de navibus providit Dominus suis incredulis[j]. Habuimus eo tempore conventus[1], quia principes male[k] conve-(223b)-niebant, et questio habita est de Tancredo eo quod Bethleem occupasset, et super ęcclesiam dominicę nativitatis, quasi super communem domum vexillum suum posuisset. Quesitum est, etiam[l] ut aliquis de principibus in regem eligeretur, qui civitatem custodiret. Ne communis facta si nobis eam[m] traderet Deus, a nullo custodita communiter, destrueretur. Quibus ab episcopis et a clero responsum est ? Non debere ibi eligere[n] regem ubi Dominus[o] passus et coronatus est. Quod si in corde suo diceret, sedeo super solium David et regnum eius obtineo[p], deneger[q] a[r] fide et virtute David. Fortassis disperdet[s] eum Dominus[t] et loco et[u] genti irasceretur[v]. Propterea[w] clamabat propheta[x2] : Cum venerit sanctus sanctorum, cessabit unctio, qui[y] advenisse cunctis gentibus[z] manifestum erat. Sed esset aliquis advocatus qui civitatem custodiret, et custodibus civitatis tributa regionis divideret, et redditus. Atque his et aliis multis de causis dilatata[a] est electio, et impedita, donec ad octavum[b] diem post captam Iherusalem. Neque solum hoc verum etiam aliud aliquid nobis non proveniebat. Sed labor et tribulatio per singulos dies in populo conduplicabatur[c]. Tandem misericors et propicius Dominus[d] propter nomen suum simul ne adversarii nostri legi eius[e] insultarent, dicentes ubi est Deus eorum[3] ? Mandavit nobis per episcopum Podiensem domnum Ademarum, qualiter iram eius placari[f] possemus, et inpetrare misericordiam. Sed[g] nos de mandato Dei[h] reticentes, faciendum

g. B *omet* Iordanis. — *h*. F *omet* se. — *i*. F *omet* sic. — *j*. B *omet* Sed de... incredulis. — *k*. B *ajoute* inter se. — *l*. B *omet* etiam. — *m*. illam B. — *n*. eligi B. — *o*. Deus B. — *p*. teneo D. — *q*. B *omet* deneger... David. — *r*. de F. — *s*. disperderet BG. — *t*. Deus B. — *u*. B *omet* loco et. — *v*. irascetur DEF. — *w*. Preterea BDEF. — *x*. clamaverat propheta dicens B. — *y*. quod B. — *z*. B *omet* gentibus. — *a*. dilata DEFG. — *b*. viiii[um] G. — *c*. duplicabatur DEFG. — *d*. G *omet* Dominus. — *e*. nostri loci eius B ; F *omet* eius. — *f*. placare BDEF. — *g*. B *ajoute* et. — *h*. Domini BDEFG.

1. Ce conseil fut peut-être tenu au début de juillet.
2. Daniel 9, 24.
3. Judith 7, 21.

esse illud predicabamus, ne si populus hoc mandatum Domini[i] preterisset, (224) culpabilis magis[j] maxime affligeretur. Etenim tam benignus erga nos erat Dominus[k], ut frequenter[l] legatos suos ad nos mitteret. Sed quia fratres erant non credebantur[m] eis. Locutus est[n] episcopus Petro Desiderio dicens : Loquere ad principes, et ad omnem populum dicens : Vos qui venistis de tam longinquis regionibus ut Deum et Dominum exercituum hic adoraretis[o], sanctificamini ab inmundiciis vestris, et revertatur unusquisque ab operibus suis pravis. Et post hęc nudis pedibus circuite civitatem Iherusalem invocantes Deum[p], et ieiunabitis[q]. Si sic egeritis et obpugnaveritis civitatem[r] viriliter, usque ad novem dies capietur. Alioquin omnia mala quę passi estis vobis a Domino multiplicabuntur. Cumque hęc dixisset sacerdos ad fratrem ipsius episcopi Guillelmum Ugonem et ad Isoardum comitem dominum suum, et ad quosdam de clero coadunaverunt concilium de principibus et de omni populo et dixerunt : Viri fratres[s] scitis quę causa itineris nostri sit, ac tante defatigationis, et neglegenter agimus, adeo ut neque conparemus ea quę necessaria sunt ad oppugnandum civitatem, neque curam gerimus, quomodo Deum nobis reconciliemus, quem tam multipliciter omnes in omnibus offendimus, quem a nobis expulimus, et longe multum per nostra opera prava a nobis[t] effugavimus. Et nunc si vobis omnibus[u] iustum esse videtur[v], reconcilietur unusquisque fratri suo quem offendit, et frater benigne fratri condonet, et post hęc humiliemur Domino[w], et circumeamus civitatem[x] Iherusalem nudis pedibus Dei[y] misericordiam per sanctorum patro-(224b)-cinia appellemus, ut ille Deus omnipotens qui pro nobis et de nobis servis suis carnem assumpsit, exinanita forma dominii sui, et qui humiliter super asinam sedens passurus in cruce, mortis supplicium pro nobis hanc civitatem ingressus est turbis ei occurrentibus et suscipientibus[z] eum cum magno processionis honore, ille nos ad honorem et gloriam nominis

i. B *omet* Domini. — *j*. B *omet* magis. — *k*. Deus F. — *l*. B *omet* frequenter. — *m*. credebant B ; credebatur DEFG. — *n*. B *ajoute* ergo. — *o*. adoretis B. — *p*. Dominum DEF ; B *omet* civitatem. — *q*. ieiunate B. — *r*. Iherusalem B. — *s*. B *ajoute* vos. — *t*. DEF *omettent* a nobis. — *u*. B *omet* omnibus. — *v*. BDEFG *omettent* esse ; F *ajoute* et. — *w*. Deo BDEFG. — *x*. B *omet* civitatem. — *y*. et Dei B. — *z*. B *omet* et suscipientibus eum.

sui et civitatem[a] aperiat et facere[b] iudicium de inimicis suis, et nostris nobis[c] concedat, qui locum passionis et sepulturę eius indigne obtinentes contaminant, et qui nos a tanto beneficio humilitatis divine et redemptionis nostrę excludere contendunt. Placuerunt hęc verba principibus et omni populo, et ideo publice iussum est, ut in vi. feria quę in proximo[d] erat clerici prepararent se ad processionem[1], cum crucibus et sanctorum reliquiis et milites atque omnes viri fortes sequerentur eos cum tubis et vexillis atque armati nudis pedibus incederent. Quę omnia secundum iussionem Dei et principum, letanter[e] explevimus. Namque cum venissemus in montem Oliveti et essemus in locum[f] unde Dominus post resurrectionem[g] ascendit in cęlum, predicavimus in populo dicentes, quoniam secuti sumus Dominum usque ad locum ascensionis eius, et ulterius pergere nequimus[h], condonet unusquisque fratri suo qui lesus est ut Deus omnipotens[i] nobis propitius fieri possit. Quid multa[j] ? Condonaverunt omnes et largissimis helemosinis Dei misericordiam appellabant, ut in fine populum suum non[k] desereret, quem usque ad finem gloriosę et mirabiliter adduxerat. Placatur[l] itaque Dei[m] misericordia, quoniam omnia quę (225) prius nobis adversa fuerant, nunc commode[n] proveniebant. Sed licet multa pretereamus, hoc unum preterire non libuit. Cum circuiremus civitatem deforis, cum processionis tumultu, Sarraceni et Turci infra civitatem girabant, multimode nos deridentes, multas cruces super muros ponebant in patibulis, afficientes eas cum verberibus atque[o] contumeliis. Quibus signis nos e vicino misericordiam Dei sperantes operibus ad expugnandam civitatem die noctuque instabamus[p]. Prefecerant itaque dux et comites[q] Normannię et Flandrensis[r], Gastonem de Beardo[2] operariis qui machinas[s] construebant, et crates, atque[t] aggeres ad invadendum murum conponebant. Hic autem Gasto

a. B *ajoute* nobis. — *b.* fatiat DE, faciet F. — *c.* B *ajoute* omnibus. — *d.* quę proxima B. — *e.* letantes DEF. — *f.* loco B. — *g.* BD *ajoutent* suam. — *h.* nequivimus DF. — *i.* DEFG *omettent* omnipotens. — *j.* ultra D. — *k.* Deus non B. — *l.* Placatus DEF. — *m.* sua D. — *n.* B *ajoute* nobis. — *o.* et B. — *p.* instabimur D. — *q.* comes BCF. — *r.* B *omet* et Flandrensis ; Flandrie DEF. — *s.* maginas D. — *t.* et B.

1. La procession eut lieu le 8 juillet.
2. Gaston IV vicomte de Béarn.

nobilissimus princeps apud omnes honoratus erat utilitatis suę et probitatis merito. Atque ideo[u] opus sibi a principibus commissum sagaciter operariis dividens sapienter accelerabat. Principes autem tantum gerebant curam de comportanda lignorum matherię[v]. Similiter comes Raimundus[w] prefecerat Guillelmum Ricau[x][1] operariis suis in montem Syon et episcopum Albariensem Sarracenis, et aliis qui ligna deferebant. Acceperant[y] multa castella, et villas Sarracenorum homines comitis, et Sarracenis quasi servis suis opera indicebant[z]. Qui[a] .l. vel .lx.[ta] portabant suo collo trabem maximam, quam non deferrent quatuor paria boum[2] ad machinas construendas Iherusalem. Quid multa ? Omnes uno animi parilique consensu[b] opus agebant, atque laborabant, et construebant, et adiuvabant. Nullus segnis (225b) nullius manus retardabatur[c]. Omnes spontanei operabantur, preter artifices. Illis vero[d] dabatur merces de collectis quę facte in populo fuerant. Sed comes Raimundus de censu suo suis operariis debita solvebat. Et certe manus Domini operabatur, et operantes adiuvabat. Cumque brevi intervallo omnia molimina nostra et machine comparate essent, habuerunt nostri principes consilium et dixerunt : Omnis homo prepararet[e] se ad pugnam in quinta feria. Interim orationibus et vigiliis atque helemosinis operam demus. Iumenta vestra cum pueris artificibus nostris et lignariis prestate, ut deferant trabres[f] et perticas, et palos, atque virgas[g] ad crates faciendas. Dictum est[h] duo et duo milites cratem unam curvam faciant vel unam scalam. Et ne dubitetis laborare pro Deo, quia in proximo labores vestros terminabit. Hęc autem omnia, libenter acta[i] sunt. Post hęc mandatum est quis de principibus cum sua gente quam partem urbis expugnaret, et quę machine quibus locis applicarentur. Videntes autem Sarraceni qui infra civitatem erant, multitudinem machinarum quę construebantur, infirmiora murorum loca adeo adversum[j]

u. F *ajoute* post. — *v.* BDEFG *ajoutent* et Gasto de construendis necessariis sollicitudinum agebat (gerebat G). — *w.* B *omet* Raimundus. — *x.* Richau B. — *y.* B *ajoute* namque. — *z.* suis imperabant B. — *a.* B *omet* qui... Iherusalem. — *b.* concessu F. — *c.* remittebantur B. — *d.* B *omet* vero. — *e.* preparet BCDEG. — *f.* trabes B. — *g.* atque palos et virgas B. — *h.* B *omet* dictum est. — *i.* accept a B. — *j.* B *ajoute* nos.

1. Guillaume Embriacus.
2. Voir aussi p. 100.

munierunt, ut quibusdam desperabile videretur[k]. Instante autem iussę obpugnationis die, dux et comes Flandrensis atque[l] Normannię comes[m] cum vidissent quod Sarraceni tanta ac talia munimina argumentorum contra nostras[n] machinas composuissent, tota nocte[1] machinas suas et crates et aggeres, transportaverunt contra urbis partem quę est ab ęcclesia Beati[o] Stephani (226) usque ad vallem Iosaphat[2]. Vos vero[p] qui hęc legitis, non putetis parvum laborem atque industriam ibi fuisse. Etenim fere miliarium ibi est a loco unde machinę dissolutę, per menbra conportabantur, usque ad eum locum ubi construebantur. Mane autem facto[q] cum vidissent Sarraceni omnia instrumenta atque tentoria nocturno tempore illuc deportata, obstupuerunt. Nec[r] solum Sarracenis verum etiam nobis in stuporem fiebat. Manifeste etenim potuit cognoscere quisque fidelium[s], quia[t] manus Domini nobiscum erat. Hęc autem transmigratio ob hoc facta est, quia locus planus[u] erat, et conveniens instrumentis ad murum coniungendis, quę non poterant nisi per plana conduci. Et etiam ob hoc quia illa pars urbis infirmior esse videbatur, et[v] quia longe steterat a castris inminuta[w] pars illa permanserat[x]. Hęc autem pars civitatis est, a septentrione. Nichil minus laborabat comes et sui[y] in monte Syon qui civitati est ad meridiem. Sed habebat modo[z] multos adiutores, scilicet Guillelmum Ebriacum, et cum eo omnes nautas Ianuenses, qui naves suas sicut superius narravimus apud Ioppen perdiderant. Sed extraxerunt de navibus suis cordas, et malleos ferri[a], atque clavos, et ascias, atque dolabra[b], et secures, quę permaximę[c] nobis necessarię fuerunt. Sed quid moramur ? Iamque dies[d] pugne constitutę advenerat, et obpugnatio incepta est. Sed hoc unum inprimis dicere volumus, quod pro opinione nostra et multorum usque ad .lx.[ta] milia hominum belligeratorum erant infra civitatem, excep-(226b)-tis parvulis et mulieribus de quibus

k. B *ajoute* posse expugnari. — *l*. et DEF. — *m*. DEF *omettent* comes. — *n*. B *ajoute* omnes. — *o*. Sancti B. — *p*. autem DEF. — *q*. fac F. — *r*. Non D. — *s*. fidelis BDEF. — *t*. quod B. — *u*. plenas F. — *v*. B *omet* et. — *w*. immunita B. — *x*. remanserat G. — *y*. B *omet* et sui. — *z*. tunc B. — *a*. B *omet* ferri. — *b*. B *omet* atque dolabra. — *c*. maxime DEF. — *d*. F *omet* dies.

1. La nuit du 9 au 10 juillet.
2. Vers l'est.

non erat numerus[1]. Et qui[e] de nostris ad arma valebant[f], in quantum nos existimabamus[g], numerum .xii. milia[h] non transcendebant. Sed habebamus multos debiles atque pauperes, et erant in exercitu nostro mille ducenti milites, vel trecenti. Et ut ego arbitror non amplius. Hęc autem ideo diximus ut intelligatis quod sive grande sive parum sit, nichil frustra in nomine Domini incipitur[i]. Quod subsequens pagina continet : Ut autem nostri turres ad muros ducere[j] ceperunt[2], ab omni parte volabant lapides excussi a tormentis atque petrariis, et sagittę ut grando innumerabiles. Sed ista pacienter servi Dei sustinebant, habentes fidei propositum, vel quod occumberent, vel quod ad presens se de hostibus vindicarent. Fiebatque pugna[k] nullo indicio victorię, sed cum iam proximarent cum machinis et[l] ad muros non solum lapides et sagittę verum etiam ligna et stipulę[m] proiciebantur, et super hęc ignis et mallei lignei, involuti pisce[n] et cera et sulphurę, et stupa, et panniculi igne succensi[o] proiciebantur in machinas[p]. Mallei inquam clavati ab omni parte, ut quaqua parte[q] ferirent hererent, et herendo inflammarent. Ligna vero et stipulam ideo iaciebant, ut saltim incendia[r] inde accensa retardarent, quos neque gladius, et alta męnia[s], et profundum vallum retinere poterant[t]. Acta est itaque pugna ab ortu solis, usque ad[u] occasum die illa[v] ita mirabiliter, ut nusquam mirabilius aliquid gestum esse credatur. Et adhuc Deum omnipotentem ducem ac conductorem nostrum appellabamus confidentes de eius misericordia. Nox (227) autem adveniens, utrumque timorem[w] conduplicavit. Metuebant vero[x] Sarraceni ne per noctem civitas a nostris corriperetur[y], vel sequenti die iam fractis antemuralibus et conpleto vallo, citissime murus interior[z] pervaderetur. At vero nostri hoc solum metuebant, ne admotas machinas aliquo modo Sarraceni incen-

e. B *omet* qui. — *f*. valentes B. — *g*. existimamus D. — *h*. milium B ; F *omet* milia. — *i*. sit quod in nomine Domini incipitur, nichil frustra evenire B. — *j*. ac muros minare B. — *k*. hoc B. — *l*. BDEF *omettent* et. — *m*. stipula B. — *n*. pice BEG. — *o*. panniculis igne succensis BDEFG. — *p*. machinis DEF. — *q*. F *omet* parte. — *a*. B *omet* incendia. — *s*. menia retardarent nec B. — *t*. poterat B. — *u*. ac B. — *r*. G *omet* die illa. — *w*. B *ajoute* nostrum. — *x*. enim B. — *y*. caperetur B. — *z*. B *omet* interior.

1. Innombrable : Ps. 104, 34 ; Ps. 146, 5.
2. L'attaque générale sur Jérusalem eut lieu les 14 et 15 juillet.

derent, et sic confortarentur. Propterea ab utrisque custodię, ab utrisque labor, ab utrisque insomnes curę. Hinc spes certissima, illinc[a] dubius timor. Operabantur isti pro Deo spontanei opera ad capiendum, operabantur illi pro legibus Mahummet inviti opera ad resistendum. Quę vero et qualia molimina ab utrisque per noctem facta fuerint, mirabile credite. Mane autem facto tantus ardor nostris incubuit, ut usque ad muros progrederentur, et machinas illuc deducerent. At Sarraceni tantas machinas fecerant, ut unicuique de nostris novem vel decem opponerentur[b]. Atque sic multum nostra molimina[c] impediebant. Et tamen hęc dies erat nona, de qua sacerdos dixerat, quod usque eam caperetur[d]. Sed quid nimiam moram agimus ? Iam machinę nostrę quassabantur[e] ad[f] tam crebros lapidum ictus, et viri deficiebant nostri multimode[g] defatigati. Sed restabat adhuc Dei misericordia nusquam expugnabilis, nusquam superata in tribulationibus semper oportuna. Verum[h] hoc preterire non libuit. Quod cum[i] duę mulieres petrariam unam de nostris fascinare vellent, lapis de eodem tormento[j] viriliter excussus, mulieres carminantes cum tribus puellis parvulis[k] allisit, atque animabus excussis incantationes avertit. Cumque iam circa (227b) meridiem omnes nostri conturbarentur tam ex lassitudine quam desperatione, quippe cum unicuique de nostris plures adversarii resisterent, preterea murus firmissimus[l] et altus et multa copia, atque oportunitas quę hostibus ad munimen nobis adversę[m], inter huiusmodi[n] defectum nostrum, et hostium exultatione[o], accessit mediatrix Dei misericordia, quę luctum nostrum in gaudium convertit, quod nulla dies[p] nobis auferat[1]. Etenim consilium quorundam iam agebatur, ut machinę nostrę reducerentur, quarum pars conbusta, altera conquassata fuerat, cum[q] miles quidam de Monte Oliveti, cum suo clipeo ventilare cepit ad eos qui erant de comitis parte et ad[r] alios ut ingrederentur[s].

a. illic DFG ; illuc E. — *b.* apponerentur BDEF. — *c.* B *omet* nostra molimina. — *d.* ad eam civitas B ; caperemus G. — *e.* cassabantur DEF. — *f.* et DEF. — *g.* E *ajoute* iam. — *h.* Sed B. — *i.* dum B. — *j.* B *omet* de eodem tormento. — *k.* pueris B (B *omet* puellis parvulis). — *l.* fortissimus D. — *m.* BDEF *ajoutent* autem. — *n.* huiuscemodi G. — *o.* exultationem BD. — *p.* BDEF *ajoutent* a. — *q.* B *ajoute* ecce. — *r.* DF *omettent* ad. — *s.* ingredentur D.

1. Isaïe 35, 10.

Quis autem iste miles fuerit, cognoscere non potuimus. Hoc signo nostri confortati, qui iam languebant, ceperunt incurrere muris. Alii autem scalas et funes sursum iniciebant. Preterea quidam iuvenis innexuerat[t] sagittas, et sagittaverat culcitras quibus muniebatur propugnaculum, quod Sarraceni fecerant contra turrem ligneam[u] ducis et duorum comitum. Erant autem culcitrę de gambasio. Ibi itaque ignis accensus, effugavit eos qui defendebant munitionem. Tunc velociter dux et qui cum eo erant solverunt cratem, desursum qua muniebantur anteriora[v] turris conductę a summo usque ad medium. Atque sic facto ponte, viriliter et inperterriti intrare Iherusalem[w] ceperunt[1]. Inter primos vero ingressus est[x] Tancredus et dux Lotaringię qui quantum sanguinis ea die fuderit[y] vix credibile est. Post illos autem (228) ascendebant[z] omnes, et Sarraceni iam paciebantur. Sed mirum quod[a] modo dicam. Cum[b] iam civitas pene correpta[c] esset a Francigenis, adhuc tamen resistebant[d] his[e] qui erant de[f] parte comitis, ac si numquam capiendi essent. Sed cum iam nostri męnibus potirentur civitatis et turribus, tunc videres mirabilia. Alii namque[g] quod levius erat obtruncabantur capitibus alii autem sagittati de turribus saltare cogebantur. Alii vero[h] diutissime torti, et ignibus adusti flammeriebantur[i]. Videbantur per vicos et plateas civitates aggeres capitum, et manuum atque pedum. Per cadavera vero publice hominum et equitum[j] discursus erat. Sed parva et pauca quę adhuc dicimus[k]. Sed ad templum Salomonis veniamus. Ubi suos ritus atque sollempnitates cantare solebant. Sed quid ibi factum est ? Si verum dicimus, fidem excedimus. Sed tantum sufficiat[l], quod in templo et[m] porticu Salomonis equitabatur in sanguine[n] ad genua, et usque ad frenos equorum[2]. Iusto nimirum iudicio[o],

t. ignierant B ; innexerat DEFG. — *u*. B *omet* ligneam. — *v*. interiora B. — *w*. B *omet* Iherusalem ; DEFG in Ierusalem. — *x*. DEF *omettent* est. — *y*. sanguinem... fuderint B. — *z*. ascedebant B. — *a*. B *omet* quod. — *b*. Cumque B. — *c*. capta B. — *d*. resistebat C. — *e*. Sarraceni his B. — *f*. ex G. — *g*. B *ajoute* illorum. — *h*. autem G. — *i*. flamma moriebantur E ; flamma urebantur DG. — *j*. B *omet* hominum et equitum. *k*. — ista quę dicimus B. — *l*. B *ajoute* hoc dixisse. — *m*. in B. — *n*. B *ajoute* usque. — *o*. B *écrit* Iusto miroque Dei.

1. Le 15 juillet 1099.
2. *Apocalypse* 14, 20. Ekkehard écrit « usque ad genua equorum » (Migne, *P. L.*, CLIV, 974), les *Gesta* (p. 202) « cavillas ».

ut locus idem eorum sanguinem exciperet, quorum blasphemias in Deum tam longo tempore pertulerat. Repleta itaque cadaveribus et sanguine civitate, confugerunt aliquanti ad turrem David, et poposcerunt a comite Raimundo securitatis dexteram, et dederunt[p] ei arcem[1]. Capta autem urbe opere precium erat videre devotionem peregrinorum ante[q] sepulchrum Domini. Quomodo plaudebant exultantes et cantantes canticum novum[2] Domino. Etenim mens eorum Deo victori et triumphanti vota laudum offe-(228b)-rebat, quę explicare verbis[r] non poterat. Nova dies[3], novum gaudium[s], nova et perpetua leticia laboris atque[t] devotionis consummatio, nova verba nova cantica, ab universis exigebat. Hęc inquam dies celebris in omni seculo venturo, omnes dolores atque labores nostros gaudium et exultationem fecit. Dies hęc inquam tocius paganitatis exinanicio, christianitatis confirmatio, et fidei nostrę renovatio. Hęc dies quam fecit Dominus[4], exultemus et letemur in ea. Et merito[u]. Quia in hac illuxit et benedixit Dominus[v] populo suo. In hac die domnus Ademarus Podiensis episcopus a multis in civitate visus est etiam multi de eo testantur, quod ipse primus murum ascendens[w], ad ascendendum socios atque populum invitabat. In hac autem die eiecti apostoli ab Ierosolimis per universum mundum dispersi sunt[5]. In hac eadem die apostolorum filii, Deo et patribus urbem et patriam vendicaverunt. Hęc celebrabitur[x] dies, idus iulii, ad laudem et gloriam nominis Dei[y], qui dedit precibus ęcclesię suę urbem et patriam quam iuravit patribus et reddidit in fide et benedictione filiis. In hac[z] die cantavimus officium de resurrectione, quia in hac die ille qui sua virtute a mortuis resurrexit[a], per gratiam suam[b] resuscitavit. Et de his

p. reddiderunt B. — *q.* ad B. — *r.* B *omet* verbis. — *s.* B *ajoute* et exultatio. — *t.* et B. — *u.* B *omet* Et merito. — *v.* B *omet* Dominus. — *w.* DEF *omettent* ascendens. — *x.* celebratur B. — *y.* Christi B ; DEF sui. — *z.* DEF *ajoutent* autem. — *a.* surrexit B. — *b.* B *ajoute* nos.

1. Iftikhār ad-Daulah, qui reçut sauf-conduit jusqu'à Ascalon, après avoir rendu la Tour de David.
2. Ps. 32, 3 ; Ps. 95, 1 ; Ps. 143, 9.
3. Isaïe 65, 17 suiv. ; *Ép. 2 de saint Pierre*, 3, 13 ; *Apocalypse*, 21, 5.
4. Ps. 117, 24.
5. La dispersion des apôtres, 15 juillet : *Acta Sanctorum*, Julius, IV, 6-13, De divisione apostolorum.

actenus dictum sit. Peractis igitur .vi. vel .vii. diebus sollempniter, in octava die ceperunt agere principes[1] ut aliquis eligeretur in regem, qui omnium curam gerens, et tributa regionis colligeret, et ad quem plebs terrę reverteretur et provideret ne ulterius terra desolaretur[c]. Cumque (229) id ageretur, congregati sunt de clero quidam, et principibus dixerunt : Laudamus electionem vestram, verum si recte et ordine[d] faciatis. Sicut sunt ęterna priora temporalibus sic vicarium spiritalem[e] prius eligite[f] post hęc, regem[g] qui rebus agendis seculariter[h] presit. Alioquin, invalidum esse censemus, quicquid eligitis. Presbiteri vero[i] cum hęc audissent, irati pernimium[j], electionem[k] nichilominus[l] accelerabant. Sed inminutus erat clerus ablato domno Ademaro Aniciensi[m] pontifice, qui in vita sua Moyses alter exercitum nostrum rebus et colloquiis[n] divinis confovens continebat. Post illum autem cum Guillelmus Aurasicensis[2] vir bone memorię et episcopus, pro viribus nobis prodesse vellet, brevi in[o] tempore apud Marram in pace[p] quievit[q]. Sic itaque bonis sublatis[r], humiliter se clerus agebat[s], preter episcopum Albariensem et paucis quibusdam[t]. Episcopus namque[u] Martranensis[3] aliter quam recto itinere gradiens cum Bethleem daviticam ęcclesiam[v] fraudulenter obtinuisset tercio vel quarto die a Sarracenis captus nusquam inter nostros[w] comparuit. Spreta itaque amonicione et contradictione nostra[x], ortabantur[y] comitem Sancti Egidii ut acciperet regnum. At ille nomen regium se perorrescere fatebatur in illa civitate, sed prebere se aliis[z] consensum si id acciperent[a]. Ob hoc pariter elegerunt ducem, et obtulerunt eum ad sepulchrum Domini. Post hęc autem requirebat dux arcem David a comite et ille excusabat dicens se velle moram agere

c. plebes terrę reverteretur, et qui provideret ne ulterius desolaretur B. — *d.* ordinate BEF ; ordinato D. — *e.* specialem E. — *f.* DEFG *omettent* prius eligite. — *g.* BEFG *omettent* regem. — *h.* secularibus BG. — *i.* censemus electionem vestram. Principes vero B ; Principes DEF. — *j.* nimium B. — *k.* B *ajoute* tamen. — *l.* G *omet* nichilominus. — *m.* Podiense B. — *n.* alloquiis B. — *o.* BG *omettent* in. — *p.* B *omet* in pace. — *q.* conquievit BDEF. — *r.* ablatis B. — *s.* habebat E. — *t.* et alios quosdam B. — *u.* autem DEF. — *v.* betleemiticam ęcclesiam B. — *w.* B *omet* inter nostros. — *x.* clericorum B. — *y.* B *ajoute* principes. — *z.* illis B. — *a.* id alius B ; acciperet BD.

1. Ce conseil fut tenu le 22 juillet.
2. Guillaume d'Orange.
3. L'évêque de Marturana.

in regione illa donec in pascha. Et interim se et suos honeste haberi velle. At (229b) dux pocius se aiebat, dimisurum cętera quam turrem. Et ideo multiplicantur[b] lites. Flandrensis et Normannię comites favebant duci, et omnes etiam pene de terra comitis Raimundi[c] credentes reddita turre, consequenter eum esse reversurum[d]. Non solum autem Provinciales in hoc domino suo comiti adversabantur, verum[e] multa de eo turpia conposuerunt ne in regem eligeretur. Vacuus[f] itaque comes sociorum et amicorum auxilio[g], pro iudicio subeundo tradidit turrem in manu Albariensis episcopi. Ille vero non expectato iudicio, tradidit duci turrem. Cumque episcopus appellaretur de hoc facto proditor, dicebat se[h] coactum fuisse atque passum violentiam. Sed hoc ego in veritate comperi plurima arma esse illata in patriarchalem domum, ubi episcopus manebat per[i] ęcclesiam dominici sepulchri. Sed de violentia sibi illata, ille dicebat. Et frequenter clam huiuscemodi[j] rei comitis familiares insimulabat. Reddita itaque turrę in magnum odium contra suos comes exarsit[1], dicens se inhonoratum[k] non posse manere in illa patria. Itaque profecti ab Iherosolimis Ierico[l], acceptis palmis venimus ad Iordanem[2]. Et sicut preceperat Petrus Bartholomeus, facta ratę de viminibus et imposito super[m] comite eum transveximus. Quippe cum non haberemus navem, sic nobis melius visum fuit. Post hęc convocata multitudine exigimus[n], quatinus rogarent Deum pro vita comitis et aliorum principum. Dehinc indutum tantum[o] camisia, et braccis novis sicut nobis preceptum fuerat in eo de baptismate[p] peregimus. (230) Sed quare taliter[q] homo Dei preceperit adhuc ignoramus[r]. Hisque peractis, reversi sumus Iherosolimam. Eo[s] tempore Arnulfus[3] capellanus Normannię

b. Inde B ; multiplicabant D ; multiplicabat F. — c. B *omet* Raimundi. — d. se consequenter cum eo esse reversuros B. — e. B *ajoute* etiam. — f. Destitutus B. — g. consilio B. — h. sese B. — i. prope BDEF. — j. BDEF *omettent* -modi. — k. DEF *ajoutent* esse. — l. B *ajoute* et. — m. desuper B. — n. exegimus BDEFG. — o. B *omet* tantum. — p. B *omet* in eo de baptismate. — q. B *ajoute* id. — r. B *termine le livre de Raymond avec* ignoramus, et *écrit :* Quere quę de ista hystoria desunt, quę vero hic secundus non ab hystoriographo huius libelli, sed ab alio ęnta sunt. — s. Eodem DEFG.

1. Ps. 2, 13.
2. Le 28 juillet.
3. Arnoul de Chocques.

comitis, a quibusdam in patriarcham eligitur, contradicentibus bonis[t]. Tum quia non erat subdiaconus, maxime etiam quia erat de genere sacerdotali. Et in itinere nostro de incontinentia accusabatur, adeo ut vulgares cantus de eo inhoneste conposuissent. Sed ille nec[u] canonum decreta reveritus tanta ambitione tentus, nec generis, nec conscientię infamiam, contra bonos populum conscitavit[v], atque se cum ymnis et canticis[w] in sede patriarchali magno populorum plausu elevari fecit. Sed de episcopo Martranensi qui huiusce rei inventor vel centor et administrator[x] fuerat, vindicta divinitus sumpta non modo Arnulfum non terruit, sed insuper clericos qui habebant altaria in ęcclesia Domini[y] sepulchri, vel quibus erant pro custodia mercedes constitutę privare beneficiis non desinebat. Nactus itaque Arnulfus hanc potestatem, cepit requirere ab incolis civitatis, ubi erat crux quam peregrini ante captam Iherusalem adorare consueverant. Quibus negantibus et iuramento et aliis signis se nescire probare volentibus tandem coacti sunt, et hęc dixerunt : Manifestum est quod Deus vos elegit, et ex omnibus tribulationibus vos eripuit, et hanc civitatem et alias multas vobis tribuit, non in virtutis vestrę robore sed in furore suo execans impios, et civitates munitissimas vobis ape-(230b)-ruit et bella formidolosa vobis ductor et dominus vester pro vobis ipse peregit. Qua itaque pertinatia cum Deum vobiscum[z] videamus eius beneficia vobis celabimus ? Post hęc deduxerunt eos ad quoddam atrium ęcclesię, et ibi effodientes reddiderunt. Gavisi sunt itaque omnes nostri et Deo omnipotenti laudes et gratias referimus[a], qui non solum urbem in qua passus est sed etiam insignia passionis suę atque victorię nobis reddidit, ut tanto eum manibus fidei artius[b] amplecteremur, quanto cerciora nostrę salutis signa[c] contueremur. Dumque sicut superius diximus de duce Lotaringie ordinatum esset quod civitatem retinere deberet, et comes dolore et iniuria exacerbatus[d], eo quod arcem David scilicet tocius regni iudaici capud leviter perdiderat, et ob hoc

t. nobis G. — *u.* non D. — *v.* concitavit DEG ; concitrant F. — *w.* cantibus DFG. — *x.* DEG *omettent* vel centor ; rei incentorum administratorum F (incentor G). — *y.* dominici G. — *z.* nobiscum D. — *a.* referebant DEF. — *b.* arcius DEFG. — *c.* DEF *omettent* signa. — *d.* exarcerbaretur D ; exarcebatus E ; exercebatur F.

regredi cum maxima parte nostrę gentis disponeret, nunciatum est nobis quod rex Babyloniorum Ascalonam venisset, cum innumerabili paganorum multitudine. Et ut nobis relatum est quod Iherusalem expugnare venerat, et occidere Francos omnes a viginti annis et supra, et captivare reliquos cum mulieribus, daturus viros mulieribus de sua gente, et iuvenibus mulieres, ut Babyloniorum domini deinceps bellicosas familias haberent de genere Francorum. Sed non his adhuc contentus similiter Antiochię et Boimundo facturum se alebat[e]. Damasci etiam et reliquarum civitatum diadema capiti suo impositurum se dicebat. Nichil Turcos nichil Francos Turcorum victores esse di-(231)-cebat, considerata multitudine peditum suorum et militum. Sed nec etiam his contentus, in Deum blasphemias intorquebat dicens, quod locum dominicę nativitatis, et presepe ubi Dominus reclinatus est, et locum passionis, et Golgotha ubi dicitur quod sanguis domini pendentis in cruce defluxerit, et locum dominicę sepulturę, et alia omnia loca sancta quę in civitate vel iuxta a populo venerantur christiano ita deleret, ut etiam a stirpe a terra abstraheret, et comminueret, et post hęc pulverem in mari proiceret, ut non esset aliquod memoriale[f] dominicum, quod Francorum gentes[g] in regionibus illis ulterius requirerent. Cum autem hęc et alia multa, et de multitudine gentis quę cum ipso tyranno erat nobis nunciarentur, et quod omnes isti congregati erant Ascalone quę proxima erat Iherusalem per diem et dimidium, congregati sunt nostri principes et clerus et nudis pedibus incedentes ante sepulchrum Domini cum multis orationibus et lacrimis, misericordiam a Domino deprecabantur ut populum suum modo liberaret quem actenus victorem de omnibus fecerat. Et qui locum sanctificationis suę modo[h] mundaverat ulterius contaminari propter nomen suum non pateretur. Post hęc similiter nudis pedibus incedentes, in psalmis, et ymnis, et sanctorum presidiis misericordiam Dei appellantes ad templum Domini venimus. Ibique animo et corpore ante Deum fusi[i], ut benedictionis suę ibidem effusę recordaretur[1]. Si peccaverit in

e. aiebat CG ; agebat DEF. — *f.* memorabile DEF. — *g.* gens DEF. — *h.* F *omet* modo. — *i.* F *omet* Deum ; effusi DEFG.

1. *Livre III des Rois*, 8, 46-50.

te populus tuus et conversus egerit penitentiam, veniensque oraverit (231b) in loco isto, tu exaudies de cęlo Domine et libera eum[j] de manibus inimicorum suorum. Post hęc percepta benedictione[k] ab episcopis, statuerunt principes de belli amministratione, et de custodia civitatis. Profectus est itaque dux et milites eius, ut certissimum conprobarent, si de[l] amiraius[1] ita res se haberet ut fama ferebatur. Qui cum ad campestria Ramularum pervenisset causam negocii per episcopum Martronensem Iherosolimis remisit ad comites. Illi autem certificati de bello communem pugnandi causam apud omnes fortes qui in civitate remanserant detulerunt. Itaque supplicantes Deo et acceptis armis, et dominica lancea, profecti sumus ab Iherosolimis, et venimus ad campestria die illa. Altera autem die coniuncto exercitu per turmas dispositis presidiis ab omni parte procedebamus. In vespere vero cum venissemus prope fluvium qui[m] est in itinere euntibus ab Iherusalem Ascalonam pascebant ibi Arabes greges ovium, et armenta boum innumerabilia, et sine numero camelos[2]. Cum vidissent autem nostri hanc multitudinem et hominum et animalium existimantes bellum esse, arreptis armis miserunt[n] ad prospiciendum milites usque ducentos, cęteri vero armati ut diximus in novem turmis incedebant. Erant autem tres a tergo, tres a fronte, tres in medio. Sic ordinate ut undecumque[o] bellum se emergeret, in tribus ordinibus illis occurreretur, turma media manente cunctis[p] ad presidium. Videntes autem pastores Ara-(232)-bum, nostros premissos milites animalia deseruerunt. Et tamen si equo modo ad illos ut ad nos respiceret Deus, pugnam cum omnibus nobis inire debuissent. Erant in armis de pastoribus circiter tria milia. In exercitu vero nostro supra mille ducentos milites dubitanter[q] adscribimus. Sed et peditum multitudinem ultra novem milia producere non audemus. Effugatis itaque pastoribus cepimus predam quantam ante diem illam non vidimus. Et aliqui de pastoribus interfecti sunt, et pauci capti. Post hęc autem mansimus in eodem loco quia vespere erat.

j. eos G. — *k*. benedictio F. — *l*. sed D. — *m*. que D. — *n*. DEF *omettent* miserunt. — *o*. ubicumque DEF. — *p*. G *omet* cunctis. — *q*. DEF *omettent* milites ; dubiter D.

1. al-Afdal Shāhānshāh, vizir d'Égypte.
2. Cet engagement eut lieu le 11 août.

Et tunc coegimus captivos ad confitendum hostium[r] voluntatem, et habitudinem et numerum. Confessi sunt itaque quod voluntas eorum erat[s] obsidere Iherusalem, et expugnare omnes Francos[t] interficere et captivare. Et addunt quod admiraius ibi prope .v. leugis erat in castris, postridie profecturus adversum nos. De numero autem vix aliquis certus erat, quia cotidie multiplicabantur[u]. De se vero et de sociis qui essent interrogati, dixerunt quod pastores essent animalium quę dividenda erant in stipendiis per exercitum Babyloniorum. Certi itaque de bello[v] nostri[w] et alacres sociis suis noxarum[x] causas catque[y1] controversię remittebant. Post hęc confessi de peccatis et[z] neglegentiis suis adeo erecti sunt animis ut vix credibile eis fieret hostes ad pugnam esse paratos. Innascebatur enim tanta securitas in cordibus singulorum ut crederent suos hostes (232b) cervis timidiores et ovibus innocentiores. Sed hęc securitas ideo nobis erat, quia credebamus Deum nobiscum esse, sicut et in reliquis[a] negociis, et propter blasphemias sibi illatas agere propter se ipsum si etiam causa nostra invalida fuisset, unde in nostra parte defensorem et in sua adiutorem[b] illi esse voluimus. Deinde conclamatum est per exercitum ut mane omnes ad pugnam parati essent, et quisque principibus de sua gente coniungeretur, et nemo predam tangeret, et excommunicati sunt quicumque eam tangerent nisi prius bello confecto. Mansimus ea nocte satis pauperrime. Etenim tentoria non habebamus, panem pauci, vinum nullus, annonam et[c] salem paucissimi. Sed copia carnis erat, quasi arena. Sed vescebamur carnibus et pro pane ovium caro erat. Et iam aurora sequentis diei oriebatur, et pervigil turba tubis et cornibus in pugnam animabantur. Itaque summo diluculo profecti dispositis ut iam diximus ab omni parte presidiis exercitum Dei in castra Mahummeth dirigebamus. At vero hostes infra castra sua demorabantur, numquam existimantes quod infra

r. G *omet* ad confitendum ; D *omet* hostium. — *s.* G *omet* erat. — *t.* DEF *ajoutent* et. — *u.* multiplicantur D. — *v.* D *omet* de bello. — *w.* C *termine avec* nostri. — *x.* nexarum G. — *y.* causas atque DEG ; F *écrit* catque. — *z.* F *ajoute* de. — *a.* E *ajoute* et. — *b.* adiutores DEF. — *c.* atque DEF.

1. En raison des obscurités assez fréquentes dans les récits de batailles, nous n'avons pas corrigé. Peut-être « satque » ? Tudebode, p. 34 ; *Oxford Book*, p. 175.

menia ad adventum eorum vix contineremur. Etenim cum audissent de nece et fuga pastorum dicebant propter predam venerunt Franci, et cum ea revertuntur. Quippe edocebantur cotidie ab his qui fugerant ab Iherosolimis, et de paucitate nostra ac debilitate vulgi et equorum. Propterea[d] numero atque viribus suis confisi in solis sputis nos et castra (233) nostra submergere se posse credebant. Constellatores[e] etiam eorum et augures ut fertur dixerant ut non moverent castra[f] sua, usque ad septimam feriam, neque pugnarent adversum nos. Quod si maturius aliquid de his agere vellent in adversum converteretur. Nos autem, ut diximus, ordinati in novem turmis, progrediebamur. Multiplicavit Deus exercitum suum adeo, ut inferiores numero hostibus non videbamur. Etenim coniunxerant se nobis animalia quę dimiseramus et factis gregibus nemine conpellente nos comittebantur, adeo ut starent cum stantibus cum currentibus currerent, cum procedentibus, procederent. Hęc autem persarum[g] inestimabilis multitudo erat. Armorum autem atque papilionum[h] summam quis dinumerare[i] sufficiat ? Videntes igitur hostes nostri et suorum cesam multitudinem et nostros in castris suis pro victoria et spoliis secure et alacriter agere reversi ad se dixerunt : Solum presidium fuga est. Et quid moramur ? Si hodie defatigati ex itinere fame et siti pene semianimes[j] omnem nostram multitudinem uno impetu prostraverunt, quid repausati, atque refecti, et victores contra semineces, et imminutos, atque pavidos facient[1] ? Itaque hostes conturbatis animis reversi sunt Ascalonam quę per miliarium[k] a castris nostris[l] aberat. Sed non omnes ! Tunc placuit[2] comiti Raimundo ut mitteret Boimundum quendam Turcum genere ad amiraius, sub[m] obtentu ineunde amicicie accu-

d. Preterea DEF. — *e.* cantellatores F. — *f.* castella F. — *g.* preciosarum DEFG. — *h.* papilidnum F. — *i.* dinumere F. — *j.* semimortui DEF. — *k.* familiarum D. — *l.* suis D. — *m.* F *omet* sub.

1. La bataille d'Ascalon eut lieu le 12 août. La table des matières (folio 4) indique deux têtes de chapitre, dont le scribe n'a pas tenu compte : « xxviii Ubi veniunt Iherusalem », et « xxviiii Bellum primum contra Ascalonitas ».

2. Les événements qui suivirent la bataille d'Ascalon, durent être reconstitués d'après d'autres auteurs, dont aucun n'était sur place. Voir l'introduction, pp. 27 suiv.

sando eum quod noluerit libe-(233b)-ram reddere Iherusalem, et quod[n] adversum nos arma detulerat, simul ut persentiret fugam an bellum in animo pararet, et quomodo victum se haberet[o]. Erat autem hic Boimundus genere Turcus, pluribus edoctus linguis, ingeniosus multum, et calidus et nobis fidelissimus. Sed quia magnus Boimundus suscepit eum de fonte baptismatis, nam venerat ad nos cum uxore sua et armis, Boimundus vocabatur. EXPLICIT LIBER RAIMUNDI DAGUILERS FELICITER[p].

n. qui DEF. — *o.* F *termine avec* haberet. — *p.* G *écrit* explicit. *A la suite, il y a quelques lignes avec le titre :* In festivitate Sancte Hierusalem, ad vesperas. *Ensuite* G *écrit :* Lectiones de historia ubi capta fuit Hierusalem. Enim sic Incipiunter, DE *omettent* Explicit... feliciter, *et donnent les autres divisions.* D *donne des indications au sujet de Guademarus Carpinelli, et* E *de Baudouin III.*

INDEX NOMINUM

R

S

TABLE DES MATIÈRES

ACHEVÉ D'IMPRIMER SUR LES
PRESSES DE L'IMPRIMERIE
DARANTIERE A DIJON, LE
VINGT FÉVRIER M.CM.LXIX